맛있는 스쿨 단과 강좌 할인 쿠폰

인강 할인 이벤트

할인 코드: **jrchina03om**

단과 강좌 할인 쿠폰
20% 할인

할인 쿠폰 사용 안내
1. 맛있는스쿨(cyberjrc.com)에 접속하여 [회원가입] 후 로그인을 합니다.
2. 메뉴중[쿠폰] → 하단[쿠폰 등록하기]에 쿠폰번호 입력 → [등록]을 클릭하면 쿠폰이 등록됩니다.
3. [단과] 수강 신청 후, [온라인 쿠폰 적용하기]를 클릭하여 등록된 쿠폰을 사용하세요.
4. 결제 후, [나의 강의실]에서 수강합니다.

쿠폰 사용 시 유의 사항
1. 본 쿠폰은 맛있는스쿨 단과 강좌 결제 시에만 사용이 가능합니다.
2. 본 쿠폰은 타 쿠폰과 중복 할인이 되지 않습니다.
3. 교재 환불 시 쿠폰 사용이 불가합니다.
4. 쿠폰 발급 후 60일 내로 사용이 가능합니다.

*쿠폰 사용 문의 : 카카오톡 플친 @맛있는중국어jrc

맛있는톡 할인 쿠폰

전화 화상 할인 이벤트

할인 코드: **jrcphone2qsj**

전화&화상 외국어 할인 쿠폰
10,000원

할인 쿠폰 사용 안내
1. 맛있는톡 전화&화상 중국어(phonejrc.com), 영어(eng.phonejrc.com)에 접속하여 [회원가입] 후 로그인을 합니다.
2. 메뉴중[쿠폰] → 하단[쿠폰 등록하기]에 쿠폰번호 입력 → [등록]을 클릭하면 쿠폰이 등록됩니다.
3. 전화&화상 외국어 수강 신청 시 [온라인 쿠폰 적용하기]를 클릭하여 등록된 쿠폰을 사용하세요.

쿠폰 사용 시 유의 사항
1. 본 쿠폰은 전화&화상 외국어 결제 시에만 사용이 가능합니다.
2. 본 쿠폰은 타 쿠폰과 중복 할인이 되지 않습니다.
3. 교재 환불 시 쿠폰 사용이 불가합니다.
4. 쿠폰 발급 후 60일 내로 사용이 가능합니다.

*쿠폰 사용 문의 : 카카오톡 플친 @맛있는중국어jrc

100만 독자의 선택
맛있는 중국어 시리즈

회화

첫걸음·초급
- 중국어 발음과 기본 문형 학습
- 중국어 뼈대 문장 학습

초·중급
- 핵심 패턴 학습
- 언어 4대 영역 종합 학습

맛있는 중국어 Level ❶ 첫걸음
맛있는 중국어 Level ❷ 기초 회화
맛있는 중국어 Level ❸ 초급 패턴1
맛있는 중국어 Level ❹ 초급 패턴2
맛있는 중국어 Level ❺ 스피킹
맛있는 중국어 Level ❻ 중국통

기본서

- 재미와 감동, 문화까지 **독해**
- 어법과 어감을 통한 **작문**
- 60가지 생활 밀착형 회화 **듣기**
- 이론과 트레이닝의 결합! **어법**
- 듣고 쓰고 말하는 **간체자**

맛있는 중국어 독해 ❶❷
맛있는 중국어 작문 ❶❷
맛있는 중국어 듣기
맛있는 중국어 어법
맛있는 중국어 간체자

비즈니스

- 비즈니스 중국어 초보 탈출! **첫걸음**
- 중국인 동료와 의사소통이 가능한 **일상 업무편**
- 입국부터 출국까지 완벽 가이드! **중국 출장편**
- 중국인과의 거래, 이젠 자신만만! **실전 업무편**

맛있는 비즈니스 중국어 Level ❶ 첫걸음
맛있는 비즈니스 중국어 Level ❷ 일상 업무
맛있는 비즈니스 중국어 Level ❸ 중국 출장
맛있는 비즈니스 중국어 Level ❹ 실전 업무

맛있는 중국어 독해 ❷
阅读

맛있는 중국어 독해 ❷

초판 1쇄 발행	2010년 12월 22일
초판 3쇄 발행	2021년 8월 30일

저자	엄영권
발행인	김효정
발행처	맛있는books
등록번호	제2006-000273호
영업	강민호 ǀ 박희령
제작	박선희
마케팅	장주연

주소	서울 서초구 명달로 54 JRC빌딩 7층
전화	**구입문의** 02.567.3861 ǀ **내용문의** 02.567.3860
팩스	02.567.2471
홈페이지	www.booksJRC.com

ISBN	978-89-92287-67-8 14720
	978-89-92287-61-6 (세트)
정가	14,500원

Copyright ⓒ 2010 맛있는books

맛있는books의 허락 없이 이 책의 일부 또는 전부를 무단 복사·복제·전재·발췌할 수 없습니다.
잘못된 책은 구입처에서 바꿔 드립니다.

맛있는 중국어 독해 ② 阅读

엄영권 지음

맛있는 books

머리말 P.r.e.f.a.c.e

　　중국어를 공부하는 많은 사람들이 독해를 어렵게 생각합니다. 독해라는 단어가 주는 어감이 왠지 독하고 난해하게 느껴지기 때문일까요. 사실 여러분께서 알고 있는 독해는 그리 쉽게 정복할 수 있는 대상은 아닙니다. 그러나 '독해'를 단지 '읽다'라고 받아들인다면, 독해는 한층 쉽게 다가올 것입니다.

　　학창시절, 인천항에서 중국선원들을 대상으로 봉사활동을 하면서 그들이 건네주는 可口可乐 캔을 보며, 신기해 하던 일이 있었습니다. 그때, 저는 몇 글자 안 되는 可口可乐의 제품설명을 사전을 찾으며 공부하면서 참 즐거워했었고, 그 후 신문광고부터 노래가사, 중국어 성경 등 중국어로 되어 있는 것은 틈만 나면 읽고 또 읽었습니다. 지금 생각해 보면 정말 독해가 너무 재미있었던 것 같습니다.

　　올해 초였습니다. 강사로서 매너리즘에 빠지지 않기 위해 참신한 강의를 모색하던 중, 독해 강의를 하기로 결정했습니다. 학창시절부터 독해를 좋아했기 때문에, 제 나름대로 독해에 대한 노하우가 있다고 생각했고, 이를 강의에 접목시켜 보고자 했기 때문입니다. 그러나 당시 수강생께는 죄송하지만, 솔직히 그 수업에 대한 제 자신의 만족도는 0%에 가까웠습니다. 독해를 만만하게 생각한 제 오만 때문이었습니다. 다른 사람에게 전달하기에 독해는 여전히 어려웠습니다.

이 교재를 집필하게 된 가장 큰 이유도, 제 독해 노하우나 '왕도'를 전수해드리는 것보다는 당시에 제 부족함을 돌아보고, 실생활에서 접하는 다양하고도 흥미로운 주제를 통해 여러분의 독해 열정을 불러일으키는 데 있었습니다. 교재집필을 마치며 아쉬움이 많이 남고, 부족함에 대한 부끄러움과 걱정이 앞서지만, 그러나 한편으로는 이 교재가 조금이나마 여러분께 도움이 되기를 기대해 봅니다.

저에게 영감을 주시는 하나님께 항상 감사드립니다. 그리고 자료수집부터 교정까지 많은 도움을 준 아내, 부족한 저에게 교재집필을 맡겨 주시고 교재가 나올 때까지 격려해 주신 JRC 중국어학원 김효정 원장님, 교재를 편집하고 디자인하느라 수고하신 JRC북스 출판팀 원들께 감사드립니다. 아울러 저에게 중국어에 대한 열정을 심어 주신 송재록 교수님과, 방학 내 연구 시간을 쪼개 독해스터디를 해주시며 중국어 독해의 맥을 가르쳐 주신 김종현 교수님, 그리고 자상한 눈빛으로 茅盾의 단편집을 건네주시며, 다독을 격려하시던 故 유옥가 교수님께 감사드립니다.

2010. 12
엄영권

이 책의 차례

머리말	04
이 책의 구성	09
독해를 위한 조언	11
중급 독해를 위한 선행학습	14

생활 속의 독해 I

1과 식품마크와 영양성분표 - 각종 식품마크 各种食品标志 ··· 23
- ○○콜라 영양성분표 ○○可乐营养成分表
- 청대두 영양성분표 青豆营养成分表

[어법] 随着 | 该 | 根据 | 即使

2과 이력서와 자기소개서 - 자기소개서 1 求职信 ··· 35
- ○○무역회사 이력서 ○○贸易公司简历表
- 자기소개서 2 求职信

[어법] 于 | 所 | 曾 | 尤其

3과 레시피
- 마파두부 레시피 麻婆豆腐的做法 ··· 47
- 토마토 계란볶음 西红柿炒鸡蛋

[어법] 一来~ 二来~ | 使 | 尽量 | 弄得

4과 계약서
- 주택임대 계약서 1 租房合同书 ··· 59
- 주택임대 계약서 2 租房合同书

[어법] 否则 | 未 | 任何 | 均

5과 컴퓨터: 특수키의 절묘한 활용 - Shift 키의 절묘한 활용 Shift键的妙用 ··· 71
- ESC 키의 절묘한 활용 ESC键的妙用
- 바이러스 제거방법 杀毒方法

[어법] 并 | 某 | 其实 | 免不了

생활 속의 독해 II

6과 표어와 안내문 — 각종 표어 各种标语 · · · · · · 85
  — ○○대학 기숙사 안전공지 OO大学宿舍安全提示
  — 알려드립니다 温馨提示
  [어법] 勿 | 人人 | 以防 | 靠

7과 사람찾기 광고 — 사람찾기 광고 1 寻人启事 · · · · · · 97
  — 小龙女는 왜 집을 나갔는가? 小龙女为什么离家出走?
  — 사람찾기 광고 2 寻人启事
  [어법] 为 | 与 | 若 | 此

8과 물건찾기 광고 — 물건찾기 광고(노트북) 寻物启事(手提电脑) · · · · · · 109
  — 분실물 습득 광고 招领启事
  — 물건찾기 광고(금목걸이) 寻物启事(金项链)
  [어법] 将 | 着(손현문) | 或 | 必定

9과 채용광고 — 채용(○○인터넷주식회사) 招聘(OO网络有限公司) · · · · · · 121
  — 회사소개 公司简介
  — 모집(쇼핑도우미) 招聘(导购员)
  [어법] 只要 | 免费 | 及 | 之

10과 쇼핑광고 — 쇼핑광고 1 购物广告 · · · · · · 133
  — 太平회원카드 소개 太平会员卡简介
  — 쇼핑광고 2 购物广告
  [어법] 购物(이합동사) | 即 | 当天 | 出

공공장소 속의 독해

11과 중국음식점 메뉴판 – 메뉴판 菜单 147
- 麻辣香중국음식점 麻辣香中式餐厅
- 세트음식 메뉴 套餐菜单

[어법] 起 | 并(且) | 被评为 | 为(了)

12과 영화관 159
- 관람객 공지사항 敬告观众
- 영화표 电影票
- 영화표 구매 유의사항 购票提示

[어법] 于 | 须 | 凭 | 随

13과 은행 银行 171
- 고객 유의사항 客户须知
- 저축예금 개설 신청서 储蓄存款开户申请书
- 송금 신청서 汇款申请书

[어법] 不得 | 按照 | 除了~以外 | 有关

14과 기차역 183
- 춘절 열차증편운행 공지 春运加车公告
- 베이징 열차 시각표 北京列车时刻表
- 열차 운행중지 공지 列车停运公告

[어법] 如 | 自~起 | 为 | 止

15과 공항 195
- 외국인 출입국카드 外国人出入境卡
- 출입국심사 안내 出入境边防检查提示
- 기내 휴대금지물품 禁止携带登机物品

[어법] 将 | 当~时(候) | 在~下 | 下

해석 및 정답 207

이 책의 구성

1. **인트로** | 독해학습에 들어가기 전, 관련 이야기를 읽어 보는 에피타이저 코너입니다.

2. **미리 맛보기** | '문장 감각 익히기'에서는 독해에 필요한 선행학습을 하며, 독해를 돕기 위해 각 과의 내용과 관련된 표현을 미리 알아봅니다.

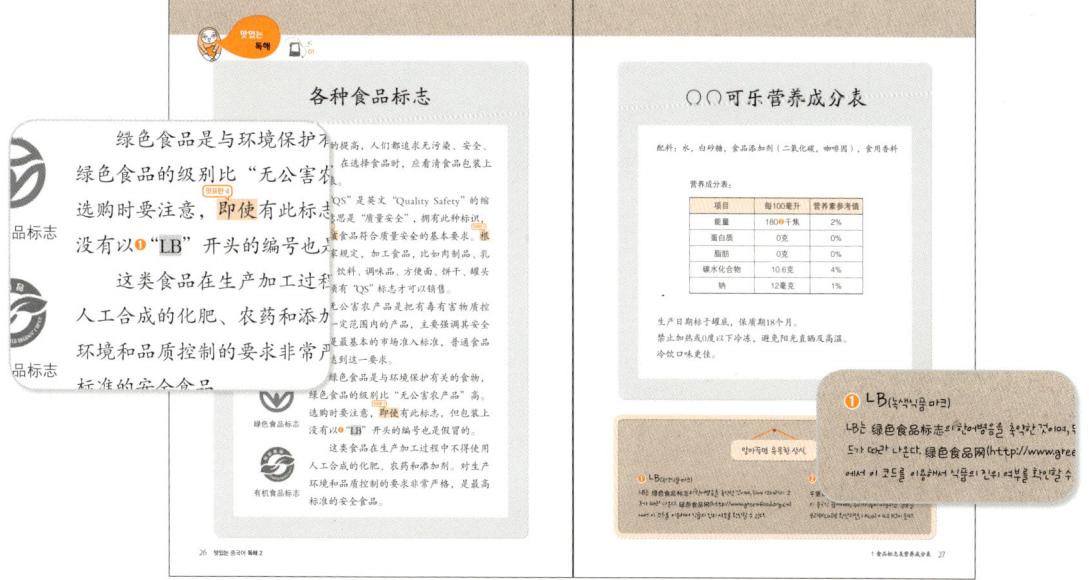

3. **맛있는 독해** | 다양한 형식의 재미있고 감동적인 이야기를 읽고, 원어민 성우의 목소리로 다시 들어 봅니다.

4. **알아두면 유용한 상식** | 독해 본문의 내용 중에 알아두면 유용하게 쓰일 수 있는 중국 관련 기본상식을 소개하여 중국 문화에 대한 이해를 도와줍니다.

5. **맛있는 단어** | '맛있는 독해' 본문에 나온 단어를 읽으며 뜻을 확실하게 알아둡니다.

6. **체크체크** | '맛있는 단어'의 쓰임을 복습하기 위해 문제를 풀어 봅니다.

7. **TEST 1** | 독해 본문의 내용확인 문제로, 본문 내용을 제대로 파악했는지 테스트 합니다.

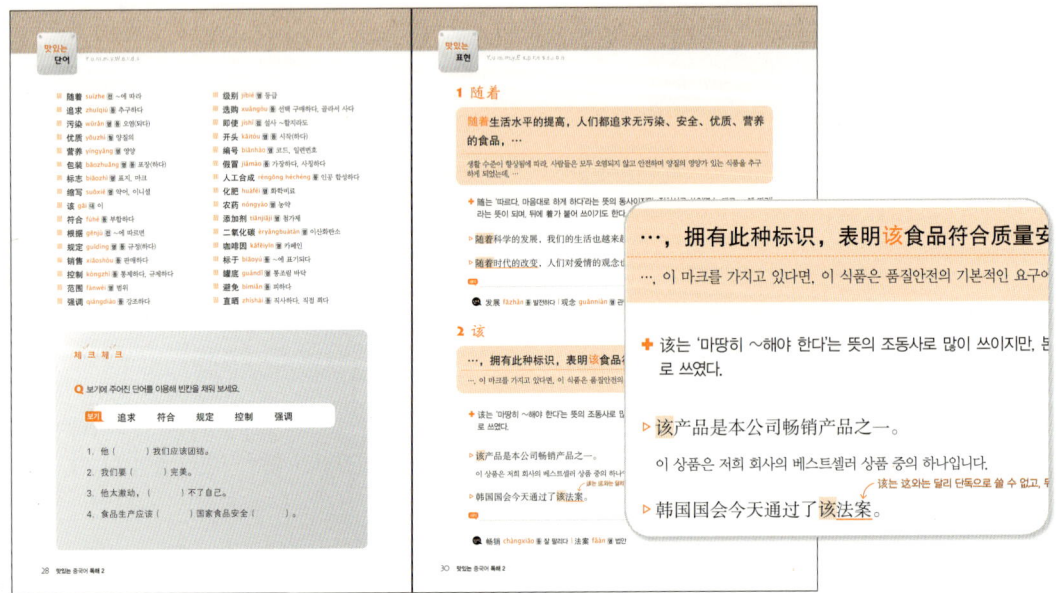

8. **맛있는 표현** | '맛있는 독해' 본문 중에서 주요표현을 골라 어법을 설명하고, 예문도 함께 익힐 수 있도록 하였습니다.

9. **TEST 2** | '단어 배열하여 문장 만들기', '어법 관련 문제', '문장 확장 연습' 등의 다양한 문제를 풀어 봅니다.

10. **맛있는 독해 PLUS** | '맛있는 독해'와 관련 있는 내용의 비교적 짧은 문장을 읽고, 직접 해석해 보며 독해 실력을 다집니다.

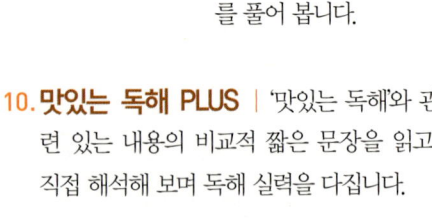

* MP3 파일은 맛있는 북스 홈페이지(www.booksJRC.com)에서 다운로드하실 수 있습니다. 원어민의 녹음을 들으면서 정확한 중국어 발음을 구사해 보세요.

독해를 위한 조언

많은 분들이 중국어를 공부하면서, 중국어를 쉽고 빠르게 마스터할 수 있는 방법을 물어 봅니다. 사실 그에 대한 답은 모든 분들이 이미 알고 있습니다. 중국어를 쉽고 빠르게 마스터할 수 있는 '왕도'는 없습니다. 자신이 그 길을 만들어가는 것이죠. 이 책에서는 제 얕은 경험과 지식을 소개하는 것일 뿐, '이것이 최선이다'라고 말씀드릴 수 없음을 양해하시고, 이 책을 참고하여 여러분 스스로의 방법을 찾아 보시기 바랍니다.

1. 어휘

🍊 총알을 늘리자!

독해는 우선 단어 싸움입니다. 총알이 없으면 아무리 좋은 총이 있더라도 무용지물이 되고 마는 것처럼, 단어를 모르고서 독해를 한다는 것은 말이 되지 않습니다. 독해를 위해 단어를 많이 공부해야 하는데, 닭이 먼저냐, 달걀이 먼저냐의 문제이겠지만, 결국 단어도 문장에서 찾아야 합니다. 단어장 등을 이용한 단어학습은 머리 속에서 쉽게 잊혀질 뿐만 아니라, 그 단어를 활용하고자 할 때, 중국어의 문장구조나 단어의 성격이 우리말과는 다른 이유로 인해 그 단어를 잘못 사용할 수 있기 때문입니다. 문장 속에서 찾은 단어를 자신만의 단어장을 만들어 그 예문과 함께 적어두면 크게 도움이 될 것입니다.

🍊 다양한 문장에서 단어를 수집하자!

이렇게 단어를 공부할 때 주의해야 할 점은 여러 종류의 문장을 접해 봐야 한다는 것입니다. 문장에 따라 쓰이는 단어의 성격과 활용 방법이 다르기 때문에 다양한 문장을 접해 봐야 합니다. 최근에는 인터넷 사이트의 발달로 다양한 문장을 접할 수 있는데, 이를 통해 다양한 단어의 활용 방법을 익힐 수 있습니다.

🍊 한 글자의 의미를 소중히 하자!

중국어는 글자마다 뜻이 있고, 한 글자에 여러 음이 있는 경우가 많기 때문에, 단어의 변화가 무궁하고, 새 단어도 무한히 쏟아져 나옵니다. 또 기존의 단어를 함축해서 표현하는 경우도 많습니다. 그렇기 때문에 단어를 공부할 때는 단어 한 글자, 한 글자의 뜻과 음을 익혀야 합니다. 그 다음에는 그 글자가 다른 글자와 합쳐졌을 때 어떤 의미로 사용되는지를 파악해두고, 단어의 뜻을 유추해야 합니다. 예를 들어, 方法, 办法와 无法를 통해 유추할 수 있는 것은 法는 원래 '법'이라는 뜻이 있지만, 위에서는 모두 '방법'의 뜻으로 쓰인 것을 알 수 있습니다. 办法는 办이 '처리하다'는 뜻을 가지고 있으므로 '처리하는 방법'이라는 의미로, 无法는 无가 '없다'는 뜻을 가지고 있으므로 '방법이 없다'는 의미로 쓰인 것을 알 수 있습니다. 이런 식으로 단어를 공부하다 보면, 어느 정도의 한자실력이 쌓이게 되고, 접해 보지 않은 단어도 쉽게 파악할 수 있습니다. 실제로 중국인도 새로 만들어지는 단어는 대부분 이런 식으로 의미를 파악합니다.

🔸 중중사전을 활용해 보자!

여러분의 중국어 수준이 어느 정도의 궤도에 올라섰다고 생각되면, 조금 어렵더라도 중중사전을 활용해 보는 것이 좋습니다. 중중사전에서 쓰이는 설명은 처음에는 생소하지만, 대부분 설명하는 방식에 일정한 틀이 있기 때문에, 익숙해진 후에는 문장을 이해하는 데 좀 더 도움이 될 것입니다. 그리고 유사한 단어나 그 단어를 설명하기 위한 관련 표현들을 많이 접할 수 있기 때문에, 훨씬 자연스럽게 단어량을 늘릴 수 있게 되고, 그 어휘를 정확히 사용할 수 있게 됩니다.

🔸 사전 없이 읽어 보자!

총알이 어느 정도 쌓인 후에는 사전 없이 문장 읽기를 하는 방법이 효과적입니다. 모르는 글자가 나오면, 앞뒤의 글자를 통해 그 뜻을 유추해 보고, 글자만 알고 단어의 뜻을 모른다면 다양한 의미를 대입해서 해석해 보는 것이 좋습니다. 처음에는 시행착오도 많고, 시간도 오래 걸리지만, 점차 빠르고 정확한 독해를 할 수 있게 될 것입니다.

2. 문장

🔸 끊어 읽는 습관을 갖자!

독해를 하면서 가장 중요한 것은 끊어 읽는 연습을 많이 해야 한다는 것입니다. 끊어 읽는 것은 결국은 중국어 문장의 구조를 파악하는 데 결정적 역할을 합니다. 중국어는 우리말처럼 격조사가 많이 쓰이지 않기 때문에 같은 단어가 쓰였음에도 불구하고, 어순 배열에 따라 전혀 다른 문장이 될 수 있습니다. 그렇기 때문에 중국어 문법의 핵심은 어순이라고 할 수 있습니다. 이리저리 문장을 끊어서 해석을 하다 보면, 중국어의 어순배열이 우리말 어순과 어떻게 다른지 알게 되고, 어떻게 해석을 하면 좀 더 매끄럽게 되는지 터득해나갈 수 있습니다.

🔸 서술어와 보어를 눈 여겨 보자!

모든 언어가 마찬가지겠지만, 서술어는 중국어의 뼈대 중의 뼈대입니다. 중국어 문장을 파악할 때 중심이 되는 서술어를 찾으면, 난해하기만 했던 문장도 풀리기 시작합니다. 서술어가 뼈대 중의 뼈대라면, 보어는 살 중의 살이라고 할 수 있습니다. 보어는 '보충하는 말'이라는 뜻이어서, 보충을 안 해도 그만이라고 생각할 수도 있을 겁니다. 하지만 이 보어를 제대로 파악하지 못한다면, 전혀 엉뚱하게 해석이 될 가능성이 있습니다. 중국어를 확실하게 공부하고 싶다면, 독해에서 서술어와 보어를 유의하며 문장을 파악하는 것이 좋습니다.

🔸 긴 문장을 읽을 땐 접속사와 부사에 집중하자!

또한 긴 문장을 독해할 때는 접속사나 부사를 특히 집중해서 봐야 합니다. 접속사나 부사는 없어도 되는 단어라서 이름도 허사인데, 사실은 이 허사가 독해에서 맥 역할을 하는 경우가 많습니다. 보다 정확한 독해를 하기 위해서는 접속사나 부사를 많이 익혀두어야 합니다.

🔸 좋은 구절은 외워두자!

중국어를 공부하다가 재미있는 표현이나 중요한 표현을 발견했을 때, 자신만의 단어장에 적어놓고 외워두면 문장감각을 키우는 데 큰 도움이 됩니다.

🔸 문장을 꼭꼭 씹어 보자!

독해를 하면서 단순히 문장의 내용을 파악하는 것만으로도 독해실력을 향상시키는 데 도움이 될 수 있겠습니다만, 독해를 통해 문장 표현을 완전히 자기의 것으로 만들기 위해선 또 다른 노력이 필요합니다. 먼저 문장과 단락을 한국어로 번역하고 그 번역본을 보며 다시 중국어로 번역하는 이중번역 연습을 한다면 여러분의 독해실력은 배가 될 것이고, 작문실력 또한 함께 향상시킬 수 있습니다.

3. 독해의 생활화

끝으로 권해드리는 말씀은 중국어를 즐기고 생활화해야 한다는 것입니다. 아무리 많은 문장을 독해하더라도, 흥미와 하고자 하는 열정이 없다면 효과는 반감되고 맙니다. 영화, 노래, 소설 등 자신만의 방법으로 중국어에 대한 흥미를 살리는 게 필요합니다. 또 어디서든 중국어가 쓰여 있다면 관심을 가지고 보려는 자세, 영수증이든 기차표든 중국어가 쓰여 있으면 모았다가 다시 한번 살펴보는 자세가 여러분의 독해실력을 향상시킬 수 있을 것입니다.

중급 독해를 위한 선행학습

1. 기본 문장의 구조

중국어 독해를 원활하게 하기 위해서는 먼저 중국어의 문장구조를 파악해야 합니다. 중국어는 한국어와 달리 격조사가 발달하지 않았기 때문에, 어순 및 품사 등으로 문장의 성분을 파악할 수 있습니다. 그럼 먼저 가장 기본적인 문장의 구조의 예를 보겠습니다.

1 주어 + 서술어

朋友借了。
친구가 빌렸다.

2 주어 + 서술어 + <u>목적어</u>

朋友借了<u>书</u>。
친구가 <u>책</u>을 빌렸다.

3 주어 + 서술어 + <u>보어</u> + 목적어

朋友借<u>来</u>了书。
친구가 책을 빌려<u>왔</u>다.

4 주어 + <u>부사어</u> + 서술어 + 보어 + 목적어

朋友<u>从图书馆</u>借来了书。
친구가 <u>도서관에서</u> 책을 빌려왔다.

5 주어 + 부사어 + 서술어 + 보어 + <u>관형어</u> + 목적어

朋友从图书馆借来了<u>一本很有意思的</u>书。
친구가 도서관에서 <u>아주 재미있는 책 한 권</u>을 빌려왔다.

6 <u>관형어</u> + 주어 + 부사어 + 서술어 + 보어 + 관형어 + 목적어

<u>我最好的</u>朋友从图书馆借来了一本很有意思的书。
<u>나의 가장 친한</u> 친구가 도서관에서 아주 재미있는 책 한 권을 빌려왔다.

🔸 긴 문장을 읽을 땐 접속사와 부사에 집중하자!

또한 긴 문장을 독해할 때는 접속사나 부사를 특히 집중해서 봐야 합니다. 접속사나 부사는 없어도 되는 단어라서 이름도 허사인데, 사실은 이 허사가 독해에서 맥 역할을 하는 경우가 많습니다. 보다 정확한 독해를 하기 위해서는 접속사나 부사를 많이 익혀두어야 합니다.

🔸 좋은 구절은 외워두자!

중국어를 공부하다가 재미있는 표현이나 중요한 표현을 발견했을 때, 자신만의 단어장에 적어놓고 외워두면 문장감각을 키우는 데 큰 도움이 됩니다.

🔸 문장을 꼭꼭 씹어 보자!

독해를 하면서 단순히 문장의 내용을 파악하는 것만으로도 독해실력을 향상시키는 데 도움이 될 수 있겠습니다만, 독해를 통해 문장 표현을 완전히 자기의 것으로 만들기 위해선 또 다른 노력이 필요합니다. 먼저 문장과 단락을 한국어로 번역하고 그 번역본을 보며 다시 중국어로 번역하는 이중번역 연습을 한다면 여러분의 독해실력은 배가 될 것이고, 작문실력 또한 함께 향상시킬 수 있습니다.

3. 독해의 생활화

끝으로 권해드리는 말씀은 중국어를 즐기고 생활화해야 한다는 것입니다. 아무리 많은 문장을 독해하더라도, 흥미와 하고자 하는 열정이 없다면 효과는 반감되고 맙니다. 영화, 노래, 소설 등 자신만의 방법으로 중국어에 대한 흥미를 살리는 게 필요합니다. 또 어디서든 중국어가 쓰여 있다면 관심을 가지고 보려는 자세, 영수증이든 기차표든 중국어가 쓰여 있으면 모았다가 다시 한번 살펴보는 자세가 여러분의 독해실력을 향상시킬 수 있을 것입니다.

중급 독해를 위한 선행학습

1. 기본 문장의 구조

중국어 독해를 원활하게 하기 위해서는 먼저 중국어의 문장구조를 파악해야 합니다. 중국어는 한국어와 달리 격조사가 발달하지 않았기 때문에, 어순 및 품사 등으로 문장의 성분을 파악할 수 있습니다. 그럼 먼저 가장 기본적인 문장의 구조의 예를 보겠습니다.

1 주어 + 서술어

朋友借了。

친구가 빌렸다.

2 주어 + 서술어 + 목적어

朋友借了书。

친구가 책을 빌렸다.

3 주어 + 서술어 + 보어 + 목적어

朋友借来了书。

친구가 책을 빌려왔다.

4 주어 + 부사어 + 서술어 + 보어 + 목적어

朋友从图书馆借来了书。

친구가 도서관에서 책을 빌려왔다.

5 주어 + 부사어 + 서술어 + 보어 + 관형어 + 목적어

朋友从图书馆借来了一本很有意思的书。

친구가 도서관에서 아주 재미있는 책 한 권을 빌려왔다.

6 관형어 + 주어 + 부사어 + 서술어 + 보어 + 관형어 + 목적어

我最好的朋友从图书馆借来了一本很有意思的书。

나의 가장 친한 친구가 도서관에서 아주 재미있는 책 한 권을 빌려왔다.

1) 전치사구를 통한 구조 파악

문장을 독해할 때는 어떤 것이 주어, 서술어, 목적어인지를 먼저 파악하고, 그 주어, 서술어, 목적어를 꾸며주는 관형어와 보어를 파악한다면 대체로 어렵지 않게 문장의 의미를 이해할 수 있습니다. 그러면 어떻게 긴 문장에서 주어, 서술어, 목적어를 빠르게 찾을 수 있을까요? 대부분의 경우 从, 到, 在, 跟 등의 전치사가 붙은 구(전치사구라고 하며, 문장 성분은 부사어)를 중심으로 주어는 앞, 서술어는 뒤에 위치하기 때문에 전치사구를 중심으로 주어, 서술어를 파악할 수 있습니다.

> 我们 / 趁着这次假期 / 去中国旅游吧。
> 주어　　　　　　　　　서술어
> 우리 이번 휴가기간을 이용해서, 중국에 여행 가자.
>
> 我们 / 通过这篇文章 / 了解了他。
> 주어　　　　　　　　서술어
> 우리는 이 문장을 통해 그를 이해하게 되었다.

경우에 따라 전치사구에 또다시 [주어+서술어] 구조가 형성될 수 있는데, 당황할 필요 없이 전치사구에서 말하고자 하는 것이 무엇인지 파악하면 됩니다.

> 哥哥 / 趁着妈妈不在 / 喝酒了。
> 주어　　　　　　　　서술어
> 형은 엄마가 안 계신 틈을 타서, 술을 마셨다.
>
> 他们 / 通过参加这次比赛 / 交了很多朋友。
> 주어　　　　　　　　　　　서술어
> 그들은 이번 경기 참석을 통해 많은 친구를 사귀었다.

물론 전치사구가 주어 앞으로 나와 강조되는 경우도 있는데, 이때는 주어와 서술어를 찾기가 더 수월해집니다.

> 按照学校的规定，留学生都得参加托福考试。
> 　　　　　　　　　주어　　　　서술어
> 학교 규정에 따라, 유학생은 모두 토플시험을 쳐야 한다.
>
> 关于申请签证，您 有什么问题吗?
> 　　　　　　　주어 서술어
> 비자를 신청하는 것에 관해, 무슨 문제가 있으십니까?

2) 연동문의 구조 파악

위에서 살펴본 문장은 비록 길이가 길더라도, 서술어가 하나라서 문장의 의미를 파악하기에 어렵지 않았지만, 경우에 따라서는 서술어가 두 개, 심지어 그 이상일 때도 많이 있습니다. 일반적으로 주어가 같은데, 동사가 연이어 나올 경우, 혹은 [서술어+목적어]가 연이어 나올 경우(연동문)에는 앞에서부터 차례로 해석하면 쉽게 문장을 파악할 수 있습니다.

> 我去市场买衣服。
> 나는 시장에 가서 옷을 산다. (나는 시장에 옷을 사러 간다.)
>
> 他们坐飞机去北京旅游。
> 그들은 비행기를 타고, 베이징에 가서, 여행을 한다. (그들은 비행기를 타고, 베이징에 여행하러 간다.)

3) 중심동사를 통한 구조 파악

그런데, 주어가 서로 다른 두 개의 문장이 합쳐진 경우에는 중심이 되는 서술어(동사)를 파악해야 합니다.

> 我们 / 相信 / 你的体力和耐力也一定会增强不少。
>   중심동사
> 우리는 당신의 체력과 인내력도 분명히 많이 강화될 거라고 믿습니다.

위 문장은 두 문장 '我们相信。'과 '你的体力和耐力也一定会增强不少。'이 합쳐져서 만들어진 문장으로, 여기에서의 중심 서술어(동사)는 두 문장의 매개체 역할을 하는 相信입니다. 相信, 估计, 希望, 觉得, 发现, 认为, 想, 看, 说 등의 서술어를 중심으로 문장을 구분하면, 그 의미를 쉽게 파악할 수 있습니다.

4) 겸어문의 구조 파악

또한, 주어가 다른 주어에게 무엇을 시키는 문장(겸어문)의 경우, 중심이 되는 서술어를 파악하는 것이 중요합니다.

> 那人 打发 / 他 到田里去放猪。   그 사람은 그를 밭으로 보내 돼지를 치게 했다.
>
> 父亲出来 劝 / 他 进去。   아버지는 나와서 그에게 들어오라고 권유했다.

5) 특수문장의 구조 파악

마지막으로 조금 독특한 형태의 문장구조를 살펴보겠습니다.

> 没有 人 给他吃。   그에게 먹게해 줄 사람이 없다.
>
> 找个 理由 杀掉他。   그를 죽여버릴 이유를 찾다.

위의 두 문장은 뒷구절이 앞의 명사를 수식하는 형태로, 영어의 분사구나 관계대명사절과 비슷한 구조입니다. 이런 경우에는 가운데 명사를 중심으로 문장을 파악하는 것이 효과적입니다.

2. 복문의 구조

앞에서 살펴본 문장의 구조를 이해할 수 있다면, 조금 더 긴 복문구조를 파악하는 것도 그리 어렵지 않을 것입니다. 복문은 접속사와 부사를 사용해서 두 개의 문장을 묶은 것이기 때문에 접속사와 부사를 익히는 것이 중요합니다.

1) 접속사를 통한 구조 파악

먼저 접속사를 살펴보면, 접속사의 의미에 따라서 문장전체의 의미가 결정됩니다.

> **因为**各种小菜都是可以无限量加的，**所以**我们一个个都吃到撑。
> 〈인과관계를 나타내는 접속사〉
>
> 각종 반찬을 무한대로 추가할 수 있어서, 우리들은 모두 배가 터질 때까지 먹었다.

> 这里的山**虽然**没有中国的山那么高那么大，/ **但是**也有它独特的魅力。
> 〈역접관계를 나타내는 접속사〉
>
> 이곳의 산은 비록 중국의 산만큼 그렇게 높거나 크지는 않았지만, 그 나름의 독특한 매력이 있었다.

> 这种滋味**只有**你试过**才**知道。
> 〈조건관계를 나타내는 접속사〉
>
> 이런 느낌은 당신이 직접 해봐야 알 수 있습니다.

2) 부사를 통한 구조 파악

부사는 접속사 없이 문장을 연결하는 역할을 하며, 문장의 뜻을 더 정확하게 만들어 줍니다.

街上又干净又舒服，人们还很热情。

还는 문장을 연결하는 부사들 중 가장 마지막에 위치한다

又~又~(~하기도 하고 ~하기도 하다)

거리가 깨끗하고 쾌적하며, 사람들도 아주 친절하다.

他们怕"祟"来害孩子，就拿出八枚铜钱跟孩子一起玩。

'바로'라는 뜻으로 앞뒤 문장을 연결해 주는 역할을 한다

그들은 '쑤이'가 와서 아이를 해칠까 두려워서, 동전 여덟 개를 꺼내 아이와 함께 놀았다.

他看不起你，你倒这么喜欢他。

'오히려'라는 뜻으로 앞뒤 문장을 연결해 주는 역할을 한다

그는 너를 무시하는데, 너는 오히려 그를 이렇게 좋아하는구나.

3. 문장의 부정

중국어에서는 문장의 의미를 결정짓는 요소들이 대체적으로 앞에 위치하며, 뒤에 따라오는 표현들에 영향을 끼칩니다. 특히 부정문에서 부정부사가 어디에 쓰였는지에 따라서 문장의 의미가 완전히 달라질 수 있습니다. 때문에 부정부사가 부정하는 범위를 명확히 해야 정확한 독해를 할 수 있습니다.

> 他不能每一顿都请我去高级餐厅。
> 그는 매번 식사 때마다 나를 고급식당에 데려갈 수는 없다.

> 他不像别人一样乱承诺。
> 그는 다른 사람처럼 함부로 약속하지 않는다.
> (다른 사람은 함부로 약속하지만, 그는 함부로 약속하지 않는다.)
>
> 만약에 不가 乱 앞에 쓰인다면, 의미는 많이 달라진다.
>
> 他像别人一样不乱承诺。
> 그는 다른 사람처럼 함부로 약속하지 않는다.
> (다른 사람과 그 모두 함부로 약속하지 않는다.)

> 他不在这儿学习。
> 그는 여기에서 공부하지 않는다. (그는 여기에 없고, 다른 곳에 있다.)
>
> 만약에 不가 学习 앞에 쓰인다면, 마찬가지로 의미는 많이 달라진다.
>
> 他在这儿不学习。
> 그는 여기에서 공부하지 않는다. (그는 여기에 있지만, 공부하지 않는다.)

부정부사는 문장이 길거나 쉼표로 끊어져 있을 때도 뒷부분에까지 영향을 미친다.

> 你没有给过我什么好东西，让我和朋友一同唱歌跳舞。
> 당신은 내게 친구들과 함께 노래하고 춤출 수 있도록 어떤 좋은 것도 준 적이 없다.
>
> 我没有机会跟中国人聊天，提高我的中文水平。
> 난 중국 사람들과 이야기 할 기회가 없어서 중국어 수준을 향상시키지 못했다.

〈참고자료〉

1. 자주 사용되는 전치사

구분	전치사
시간/장소/방향	从｜自｜自从｜到｜至｜往｜在｜当｜朝｜向｜趁｜由｜随
방식/방법/수단	按｜照｜按照｜依｜以｜将｜把｜凭｜被｜根据｜通过
원인/목적	因｜为｜由于｜为了
대상/범위/관련	对｜同｜与｜跟｜和｜对于｜关于｜至于
비교	比｜同｜与｜跟｜和
배제	除｜除了

2. 자주 사용되는 부사

구분	부사
정도	最｜太｜极｜尽｜越｜愈｜还｜很｜挺｜稍｜略｜较｜更｜全｜满｜非常｜十分｜格外｜尤其｜特别｜何等｜相当｜更加｜稍微｜起码｜至少
시간	早｜曾｜先｜正｜在｜就｜便｜才｜常｜每｜将｜刚｜既｜即｜已｜已经｜曾经｜原来｜正在｜起初｜立刻｜暂且｜常常｜往往｜从来｜始终｜永远
어감	倒｜却｜可｜又｜难道｜反而｜反正｜简直｜偏偏｜宁可｜到底
상황	仍然｜忽然｜恰好｜幸好｜偶尔｜明明｜故意｜私下｜暗中
범위	总｜光｜都｜全｜凡｜只｜各｜仅｜单｜总共｜全部｜全然｜一共
연결	连｜总｜还｜也｜又｜就｜再｜一直｜屡次｜还是｜重新
긍정/부정/추측	硬｜确｜必｜不｜非｜没｜未｜白｜约｜就是｜一定｜必定｜确实｜的确｜务必｜决不｜毫无｜大概｜似乎｜也许｜恐怕

생활 속의 독해 I

레시피, 컴퓨터, 계약서 등 생활 속에서 꼭 필요한 주제로 구성되었으며,
생동감 있는 실용표현으로 재미있게 독해합니다.

1과 식품마크와 영양성분표　　　　　　　　23
　　　食品标志及营养成分表

2과 이력서와 자기소개서 履历表与求职信　35

3과 레시피 烹饪法　　　　　　　　　　　47

4과 계약서 合同书　　　　　　　　　　　59

5과 컴퓨터: 특수키의 절묘한 활용　　　　71
　　　电脑: 特殊键的妙用

1과 식품마크와 영양성분표
食品标志及营养成分表

독해
- 각종 식품마크
- ○○콜라 영양성분표
- 청대두 영양성분표

맛있는 표현
1. 随着
2. 该
3. 根据
4. 即使

식품 마크와 영양성분표

　최근 중국에서 가짜식품(假冒伪劣食品) 및 유해식품(有毒有害食品) 관련 사고가 사회문제로 대두되면서, 안전식품(安全食品)과 무공해식품(绿色食品) 바람이 불고 있습니다. 그래서 많은 소비자들이 식품 포장에 표기되는 내용에 관심을 가지게 되었습니다. 또한, 웰빙족(乐活族)들은 영양소의 균형에 맞는 식단을 짜기 위해 식품의 영양소 표기를 필요로 합니다. 이번 과에서는 소홀히 하기 쉽지만 꼭 살펴봐야 하는 식품 관련 마크와 영양성분표에 대해 알아봅시다.

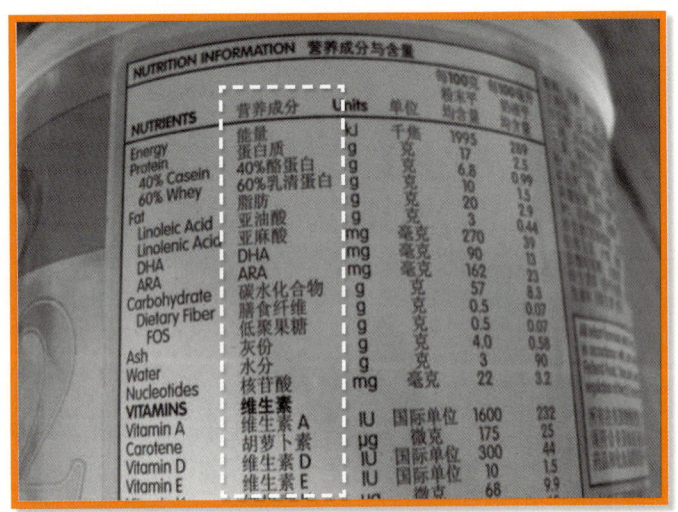

분유의 영양성분과 함량(营养成分与含量) 표기
能量(열량), 蛋白质(단백질), 酪蛋白(건락소), 乳清蛋白(락트알부민), 脂肪(지방), 亚油酸(리놀레산), 碳水化合物(탄수화물), 膳食纤维(식이섬유), 低聚果糖(프락토올리고당), 灰分(회분), 水分(수분), 核苷酸(뉴클레오시드), 维生素(비타민) 등이 표기되어 있다.

다양한 종류의 녹색식품(绿色食品)

식료품마크 미리 맛보기

1 식품안전 마크

质量安全食品 zhìliàng ānquán shípǐn 품질 안전식품 |
无公害农产品 wú gōnghài nóngchǎnpǐn 무공해 농산품 |
绿色食品 lǜsè shípǐn 녹색식품 | 有机食品 yǒujī shípǐn 유기농식품

예) 包装上有绿色食品标志。 포장에 녹색식품 마크가 있다.

2 식품 종류

加工食品 jiāgōng shípǐn 가공식품 | 肉制品 ròuzhìpǐn 육제품(가공육) |
乳制品 rǔzhìpǐn 유제품 | 饮料 yǐnliào 음료 | 调味品 tiáowèipǐn 향신료 |
方便面 fāngbiànmiàn 라면 | 饼干 bǐnggān 과자 | 罐头 guàntou 통조림

예) 加工食品必须有QS标志。 가공식품에는 반드시 QS 마크가 있어야 한다.

3 영양성분표

能量 néngliàng 열량 | 蛋白质 dànbáizhì 단백질 | 脂肪 zhīfáng 지방 |
碳水化合物 tànshuǐhuàhéwù 탄수화물 | 钠 nà 나트륨 | 千焦 qiānjiāo 킬로줄(열량 단위) |
克 kè 그램 | 毫克 háokè 밀리그램 | 营养素参考值 yíngyǎngsù cānkǎozhí 영양소 참고치

예) 钠的含量为12毫克。 나트륨 함유량은 12밀리그램이다.

4 기타 표기사항

生产日期 shēngchǎn rìqī 생산일자 | 保质期 bǎozhìqī 품질보증기간(유통기한) |
阳光直晒 yángguāng zhíshài 직사광선 | 高温 gāowēn 고온 | 阴凉 yīnliáng 그늘지고 서늘하다 |
干爽 gānshuǎng 건조하다 | 加热 jiārè 가열하다 | 冷冻 lěngdòng 냉동하다

예) 存放于阴凉干爽处。 서늘하고 건조한 곳에 보관하세요.

各种食品标志

随着生活水平的提高，人们都追求无污染、安全、优质、营养的食品，在选择食品时，应看清食品包装上的标志及营养成分表。

"QS"标志

"QS"是英文"Quality Safety"的缩写，意思是"质量安全"，拥有此种标识，表示该食品符合质量安全的基本要求。根据国家规定，加工食品，比如肉制品、乳制品、饮料、调味品、方便面、饼干、罐头等必须有"QS"标志才可以销售。

无公害农产品标志

无公害农产品是把有毒有害物质控制在一定范围内的产品，主要强调其安全性，是最基本的市场准入标准，普通食品都要达到这一要求。

绿色食品标志

绿色食品是与环境保护有关的食物，绿色食品的级别比"无公害农产品"高。选购时要注意，即使有此标志，但包装上没有以❶"LB"开头的编号也是假冒的。

有机食品标志

这类食品在生产加工过程中不得使用人工合成的化肥、农药和添加剂。对生产环境和品质控制的要求非常严格，是最高标准的安全食品。

 01

○○可乐营养成分表

配料：水，白砂糖，食品添加剂（二氧化碳，咖啡因），食用香料

营养成分表：

项目	每100毫升	营养素参考值
能量	180❷千焦	2%
蛋白质	0克	0%
脂肪	0克	0%
碳水化合物	10.6克	4%
钠	12毫克	1%

生产日期标于罐底，保质期18个月。
禁止加热或0度以下冷冻，避免阳光直晒及高温。
冷饮口味更佳。

알아두면 유용한 상식

❶ LB (녹색식품 마크)
LB는 绿色食品标志의 한어병음을 축약한 것이며, 뒤에 12자리의 코드가 따라 나온다. 绿色食品网(http://www.greenfood.org.cn) 에서 이 코드를 이용해서 식품의 진위 여부를 확인할 수 있다.

❷ 千焦 (킬로줌)
千焦는 에너지량을 나타내는 단위인 킬로줌(KJ)의 중국식 표기이며, 우리가 많이 사용하는 킬로칼로리(Kcal)로 환산하면, 1 Kcal = 4.2 KJ이 된다.

맛있는 단어
Y.u.m.m.y.W.o.r.d.s

- 随着 suízhe 전 ~에 따라
- 追求 zhuīqiú 동 추구하다
- 污染 wūrǎn 명 동 오염(되다)
- 优质 yōuzhì 형 양질의
- 营养 yíngyǎng 명 영양
- 包装 bāozhuāng 명 동 포장(하다)
- 标志 biāozhì 명 표지, 마크
- 缩写 suōxiě 명 약어, 이니셜
- 该 gāi 대 이
- 符合 fúhé 동 부합하다
- 根据 gēnjù 전 ~에 따르면
- 规定 guīdìng 명 동 규정(하다)
- 销售 xiāoshòu 동 판매하다
- 控制 kòngzhì 동 통제하다, 규제하다
- 范围 fànwéi 명 범위
- 强调 qiángdiào 동 강조하다

- 级别 jíbié 명 등급
- 选购 xuǎngòu 동 선택 구매하다, 골라서 사다
- 即使 jíshǐ 접 설사 ~할지라도
- 开头 kāitóu 명 동 시작(하다)
- 编号 biānhào 명 코드, 일련번호
- 假冒 jiǎmào 동 가장하다, 사칭하다
- 人工合成 réngōng héchéng 동 인공 합성하다
- 化肥 huàféi 명 화학비료
- 农药 nóngyào 명 농약
- 添加剂 tiānjiājì 명 첨가제
- 二氧化碳 èryǎnghuàtàn 명 이산화탄소
- 咖啡因 kāfēiyīn 명 카페인
- 标于 biāoyú 동 ~에 표기되다
- 罐底 guàndǐ 명 통조림 바닥
- 避免 bìmiǎn 동 피하다
- 直晒 zhíshài 동 직사하다, 직접 쬐다

체크체크

Q 보기에 주어진 단어를 이용해 빈칸을 채워 보세요.

> 보기 追求   符合   规定   控制   强调

1. 他（　　）我们应该团结。
2. 我们要（　　）完美。
3. 他太激动，（　　）不了自己。
4. 食品生产应该（　　）国家食品安全（　　）。

본문 내용을 읽은 후, 아래 질문에 답해 보세요.

1. 根据本文内容，下面哪一个食品是最高标准的安全食品？

   ① QS 食品　　② 无公害农产品　　③ 绿色食品　　④ 有机食品

2. 下面哪一个是有关 QS 食品的说明？

   ① 'QS' 是绿色食品的缩写

   ② 该食品不能使用农药及添加剂

   ③ 加工食品必须有 'QS' 标志才可以出售

   ④ 普通食品都要达到这一要求

3. 下面哪一个不是○○可乐的配料？

   ① 水　　② 咖啡因　　③ 一氧化碳　　④ 食用香料

4. 下面哪一个是○○可乐的保存方法？

   ① 可以加热

   ② 禁止0度以下冷冻

   ③ 要存放在高温的地方

   ④ 要存放在阳光直晒的地方

5. 请选出与上面不同的内容。

   ① 绿色食品的级别比无公害农产品低。

   ② ○○可乐的能量是180千焦。

   ③ 有机食品对生产环境的要求很高。

   ④ ○○可乐的保质期为18个月。

맛있는 표현 Y.u.m.m.y.E.x.p.r.e.s.s.i.o.n

1 随着

> 随着生活水平的提高，人们都追求无污染、安全、优质、营养的食品，…
>
> 생활 수준이 향상됨에 따라, 사람들은 모두 오염되지 않고 안전하며 양질의 영양이 있는 식품을 추구하게 되었는데, …

+ 随는 '따르다, 마음대로 하게 하다'라는 뜻의 동사이지만, 전치사로 쓰이면 '~대로, ~에 따라'라는 뜻이 되며, 뒤에 着가 붙어 쓰이기도 한다.

▷ 随着科学的发展，我们的生活也越来越方便。
　 과학의 발전에 따라, 우리의 삶도 갈수록 편해지고 있다.

▷ 随着时代的改变，人们对爱情的观念也改变了不少。
　 (전치사구는 주어 앞에 쓰이는 경우가 많다)

[해석]

[단어] 发展 fāzhǎn 동 발전하다 | 观念 guānniàn 명 관념

2 该

> …，拥有此种标识，表明该食品符合质量安全的基本要求。
>
> …, 이 마크를 가지고 있다면, 이 식품은 품질안전의 기본적인 요구에 부합함을 나타낸다.

+ 该는 '마땅히 ~해야 한다'는 뜻의 조동사로 많이 쓰이지만, 본문에서는 '이'라는 뜻의 대명사로 쓰였다.

▷ 该产品是本公司畅销产品之一。
　 이 상품은 저희 회사의 베스트셀러 상품 중의 하나입니다.

▷ 韩国国会今天通过了该法案。
　 (该는 这와는 달리 단독으로 쓸 수 없고, 뒤에 명사가 있어야 한다)

[해석]

[단어] 畅销 chàngxiāo 동 잘 팔리다 | 法案 fǎ'àn 명 법안

3 根据

> **根据**国家规定，加工食品，比如肉制品、乳制品、饮料、调味品、…
>
> 국가규정에 따라 가공식품, 예를 들어 가공육, 유제품, 음료, 향신료, …

+ 根据는 '~에 의거하면, ~에 따르면'이라는 뜻의 전치사로 설명이나 주장에 근거를 밝힐 때 쓰인다.

▷ **根据**国家统计发表，65岁以上的人口增加了百分之五。

　　국가 통계에 따르면, 65세 이상 인구가 5% 증가했습니다.

　　↙ 根을 생략하고 据로 쓰일 수 있다

▷ **据**当地新闻报道，今天早上发生了爆炸事件。

[단어] 统计 tǒngjì 명 통계 | 增加 zēngjiā 동 증가하다 | 当地 dāngdì 명 현지 | 报道 bàodào 명 보도 | 爆炸 bàozhà 동 폭발하다

4 即使

> 选购时要注意，**即使**有此标志，但包装上没有以"LB"开头的编号也是假冒的。
>
> 물건을 고를 때, 설사 이 마크가 있더라도, 포장 위에 'LB'로 시작되는 코드가 없으면 가짜이므로 주의해야 한다.

+ 即使는 '설사 ~할지라도'라는 뜻의 접속사이며, 가설 및 양보를 나타낸다.

　　　　↙ 即使 뒤에는 也/还/都 등이 많이 쓰인다

▷ **即使**你不同意，我**也**要回国。　설사 당신이 동의하지 않더라도 저는 귀국하겠습니다.

▷ **即使**条件再好，我**都**不愿意在那儿工作。

[해석] 1. 시대가 변함에 따라, 애정에 대한 사람들의 관념도 많이 바뀌었다.　2. 한국 국회는 오늘 이 법안을 통과시켰다.
3. 현지 뉴스보도에 따르면, 오늘 아침 폭발사건이 발생했습니다.
4. 설사 조건이 더 좋다고 해도, 저는 거기에서 일하고 싶지 않습니다.

TEST 2

Y.u.m.m.y.E.x.p.r.e.s.s.i.o.n

1. 단어를 배열하여 문장을 만들어 보세요.

❶ 과학의 발전에 따라, 우리의 삶도 갈수록 편해지고 있다.

我们   越来越   的   科学   的   方便   发展   随着   生活   也

→ _____

❷ 이 상품은 저희 회사의 베스트셀러 상품 중의 하나입니다.

畅销   该   之   本   是   公司   一   产品   产品

→ _____

❸ 현지 뉴스보도에 따르면, 오늘 아침 폭발사건이 발생했습니다.

早上   当地   发生   事件   新闻   爆炸   报道   今天   了   据

→ _____

❹ 설사 당신이 동의하지 않더라도 저는 귀국하겠습니다.

也   同意   回国   要   不   我   你   即使

→ _____

❺ 설사 조건이 더 좋다고 해도, 저는 거기에서 일하고 싶지 않습니다.

愿意   工作   再   即使   在   好   都   我   不   那儿   条件

→ _____

2. 다음 주어진 단어들을 사용하여 아래 표와 주의사항을 채우세요.

영양성분:
碳水化合物
脂肪
钠
蛋白质

기타 표기:
高温
加热
冷冻
保质期
生产日期
阳光直晒

❶
项目	每100毫升	营养素参考值
能量	180 千焦	2%
단백질	0 克	0%
지방	0 克	0%
탄수화물	10.6 克	4%
나트륨	12 毫克	1%

❷ 생산일자는 캔 바닥에 표기되어 있으며, 보존기한은 18개월입니다.

→ (   )标于罐底，(   )18个月。

❸ 가열하거나 0℃ 이하에서 냉동하지 마시고, 직사광선 및 고온을 피해 주십시오.

→ 禁止(   )或0度以下(   )，避免(   )及(   )。

3. 우리말 문장에 맞도록 중국어로 쓰세요. 문장 확장 연습

❶ 많이 바뀌었다.

→ _____

❷ 관념도 많이 바뀌었다.

→ _____

❸ 애정에 대한 사람들의 관념도 많이 바뀌었다.

→ _____

❹ 시대가 변함에 따라, 애정에 대한 사람들의 관념도 많이 바뀌었다.

→ _____

青豆营养成分表 (청대두 영양성분표)

项目	平均每分
能量	613 千焦
蛋白质	8.1 克
脂肪总量	2.6 克
－ 饱和脂肪	0.8 克
－ 反式脂肪	0 克
碳水化合物	25.8 克
钠	260 毫克
钙	15.4 毫克

生产日期标于包装上，此日期(2011年/08月/08日)前食用最佳。
存放于阴凉干爽处，避免阳光直晒及高温。
开封后请即食用。

▼ 직접 해석해 보고, 모범 해석 확인 후 다시 읽어 보세요.

단어 总量 zǒngliàng 명 총량 | 饱和脂肪 bǎohé zhīfáng 명 포화지방 | 反式脂肪 fǎnshì zhīfáng 명 트랜스지방 | 平均 píngjūn 명 평균 | 开封 kāifēng 동 개봉하다 | 即 jí 부 바로 | 食用 shíyòng 동 식용하다, 먹다

2과 이력서와 자기소개서
履历表与求职信

독해
- 자기소개서 1
- ○○무역회사 이력서
- 자기소개서 2

맛있는 표현
1 于
2 所
3 曾
4 尤其

이력서

중국 취업은 예전에는 먼저 국내기업에 취업을 한 뒤, 중국에 주재원으로 파견되는 경우가 많았지만, 요즘은 국내기업의 중국법인이나, 외국계기업, 중국기업 등에 직접 취업하는 사람들이 늘고 있는 추세입니다. 중국에서 취업의 문을 두드리고자 하는 사람들은 중국어 이력서나 자기소개서를 작성할 수 있어야겠죠. 이번 과에서는 중국어 이력서 및 자기소개서를 독해하고, 학력과 경력, 업무수행능력 및 포부 등의 작성 방법을 알아봅시다.

중국의 구직난을 실감하게 하는
人才市场(인재시장)

PETS合格证书(PETS 합격증서)

이력서/자기소개서 표현 미리 맛보기

1 기본정보 및 학력

基本信息 jīběn xìnxī 기본정보 | 户口所在地 hùkǒu suǒzàidì 호적 소재지 |
现所在地 xiàn suǒzàidì 현 소재지 | 政治面貌 zhèngzhì miànmào 정치현황 |
教育背景 jiàoyù bèijǐng 학력사항 | 毕业院校 bìyè yuànxiào 졸업학교 |
最高学历 zuì gāo xuélì 최종학력 | 所修专业 suǒ xiū zhuānyè 전공

예) 户口所在地: 釜山 (호적 소재지: 부산) | 现所在地: 首尔 (현 소재지: 서울)

2 구직의향

求职意向 qiúzhí yìxiàng 구직의향 | 求职类型 qiúzhí lèixíng 구직유형 |
应聘职位 yìngpìn zhíwèi 응시직위 | 期望地点 qīwàng dìdiǎn 희망지역 |
期待薪资 qīdài xīnzī 희망급여 | 到岗时间 dào gǎng shíjiān 업무가능시기(입사시기)

예) 求职类型: 全职 (구직유형: 정직원)

3 기타 기재사항

所获奖励 suǒ huò jiǎnglì 수상경력 | 基本技能 jīběn jìnéng 기본기능(업무능력) |
自我评价 zìwǒ píngjià 자기평가 | 理论学习 lǐlùn xuéxí 이론학습 |
团队协作 tuánduì xiézuò 단체협동 | 思想修养 sīxiǎng xiūyǎng 사상교양 |
社会实践 shèhuì shíjiàn 사회경험

예) 基本技能: 熟练使用 office 软件 (기본 업무능력: 오피스 프로그램 사용 능숙)

求职信

尊敬的○○公司人事部门主管：

您好！

我将于2010年6月从北京○○大学毕业，所学专业为日文。在大学四年中，奠定了扎实的专业理论基础，培养了良好的组织能力及团队协作精神。

★ 理论学习上

认真学习专业知识，阅读了大量日文书籍。同时对经济、法律等方面的非专业知识我也有很大的兴趣。在校期间，获第五届全国大学生日文辩论赛一等奖。

★ 团队协作上

曾担任学生会成员、班长等职务。多次组织学校春游等活动，受到老师、同学们的好评，并获得"北京○○大学❶三好学生"及"优秀学生干部"。

★ 思想修养上

品格优秀，思想进步，注重诚、信、礼、智的做人原则。在校期间，光荣加入中国共产党。

★ 社会实践上

在校期间多次进入企业实习，尤其是在北京○○贸易公司、天津○○海运公司及天津○○翻译公司实习中，进一步增强了社会实践能力。

感谢您在百忙之中抽空阅读我的求职信，如有机会与您面谈，我将十分感谢。我期待着能成为贵公司的一员！

此致。敬礼！

○○贸易公司简历表

基本信息

姓　名	陆小雨	性　别	女	出生年月	1987.7.4	照片
现所在地	北京	❷政治面貌	共产党员	身　高	168 cm	
联系号码		134-7878-5656				

教育背景

毕业院校	北京○○大学	毕业时间	2010.6.24
最高学历	本科	2010年 毕业于 北京○○大学 校 日文 系 日文 专业	

求职意向

求职类型	全职	应聘职位	翻译员
期望地点	北京	期待薪资	4,000元

其他

外语水平	英语PETS四级 / 日语JPT一级	计算机水平	熟练使用office软件
社会实践	曾在北京○○贸易公司、天津○○海运公司、天津○○翻译公司实习		
所获奖励	2009年5月 "北京00大学三好学生"及"优秀学生干部" 2009年10月 获第五届全国大学生日文辩论赛一等奖		

알아두면 유용한 상식

❶ 三好学生 (모범학생)
三好学生은 지성, 체력, 품행을 겸비한 학생이라는 뜻으로, 타의 모범이 되는 학생을 가리킨다.

❷ 政治面貌 (정치현황)
중국 이력서에는 정치현황 란이 포함되어 있는데, 공산당에 가입한 사람들에게 채용 시 가산점을 주기도 한다.

맛있는 단어
Y.u.m.m.y.W.o.r.d.s

- 主管 zhǔguǎn 명 주관자
- 奠定 diàndìng 동 다지다
- 扎实 zhāshí 형 알차다, 내실 있다
- 基础 jīchǔ 명 기초, 토대
- 组织 zǔzhī 동 조직하다, 짜다
- 精神 jīngshén 명 정신
- 书籍 shūjí 명 서적
- 法律 fǎlǜ 명 법률
- 获得 huòdé 동 획득하다, 타다
- 届 jiè 양 회, 기, 차
- 辩论赛 biànlùn sài 명 변론대회
- 曾 céng 부 이미
- 担任 dānrèn 동 맡다, 담임하다
- 职务 zhíwù 명 직무
- 春游 chūnyóu 명 봄소풍, MT
- 优秀 yōuxiù 형 우수하다
- 干部 gànbù 명 간부
- 品格 pǐngé 명 품성, 인품
- 注重 zhùzhòng 동 중시하다
- 做人 zuò rén 명 사람됨 동 사람이 되다
- 原则 yuánzé 명 원칙
- 光荣 guāngróng 형 영광스럽다
- 尤其 yóuqí 부 특히
- 贸易 màoyì 명 무역
- 海运 hǎiyùn 명 해운 동 해양 운송하다
- 实习 shíxí 동 실습하다
- 增强 zēngqiáng 동 증강하다, 강화하다
- 百忙之中 bǎi máng zhī zhōng 바쁜 일 가운데
- 抽空 chōu kòng 동 시간을 내다
- 期待 qīdài 동 기대하다

체크체크

Q 보기에 주어진 단어를 이용해 빈칸을 채워 보세요.

보기   担任   奠定   组织   获得   期待

1. 这次比赛当中，她们（　　　）了金牌。
2. 这次文化交流为两国关系（　　　）了良好的基础。
3. 老师（　　　）了学生会。
4. 我们都（　　　）他（　　　）这一届学生会主席。

본문 내용을 읽은 후, 아래 질문에 답해 보세요.

1. 她的专业是什么?

　① 英文　　② 经济　　③ 日文　　④ 法律

2. 下面哪一个是他所获得的?

　① 三好学生　② 跑步赛一等奖　③ 奖学金　④ 优秀党员奖

3. 她希望求职的类型是什么?

　① 打工　　② 兼职　　③ 义务　　④ 全职

4. 下面哪一个不是他实习的公司?

　① 贸易公司

　② 保险公司

　③ 海运公司

　④ 翻译公司

5. 请选出与上面不同的内容。

　① 她加入了共产党。

　② 她已经毕业了。

　③ 她曾获得日文辩论赛一等奖。

　④ 她曾担任过班长职务。

맛있는 표현
Y.u.m.m.y.E.x.p.r.e.s.s.i.o.n

1 于

> 我将于2010年6月从北京○○大学毕业, …
>
> 저는 2010년 6월에 베이징 ○○대학을 곧 졸업할 예정이며, …

✚ 于는 여러 가지 뜻을 가진 전치사로 시간 앞에서 쓰이면, '~에'라는 뜻이 된다.

↘ 시간과 장소를 동시에 쓸 경우 장소는 뒤에 위치한다.

▷ 两国首脑于10月5日上午在北京进行会谈。

　양국 정상은 10월 5일 오전 베이징에서 회담을 가졌습니다.

↘ 于 전치사구는 동사 뒤에서 보어로 쓰일 수 있다.

▷ 孙中山先生出生于1866年。

해석

단어 首脑 shǒunǎo 명 수뇌 | 会谈 huìtán 명 회담

2 所

> …, 所学专业为日文。
>
> …, 전공은 일본어입니다.

✚ 所는 '~하는 바'라는 뜻으로 所 뒤에 나오는 동사와 그 동사가 꾸며 주는 대상을 강조하는 역할을 한다.

↘ 所는 뒤에 的를 수반한다.

▷ 他是我所爱的人。

　그는 내가 사랑하는 사람이야.

▷ 你所知道的都是假的。

해석

단어 假 jiǎ 형 가짜의

3 曾

> **曾**担任学生会成员、班长等职务。
>
> 학생회 구성원 및 반장 등의 직무를 맡은 적이 있습니다.

- 曾은 '이미, 과거에'라는 뜻의 부사로 주어의 뒤나 동사의 앞에 오며, 동사는 过를 사용하지 않아도 대부분 과거의 경험을 나타낸다.

▷ 他**曾**是我们学校最优秀的学生。

  그는 예전에 우리 학교에서 가장 우수한 학생이었다.

  曾经으로도 쓸 수 있다.
▷ 我**曾**经学过法语，可以帮你翻译。

해석

단어 翻译 fānyì 〔동〕 번역하다, 통역하다

4 尤其

> …，**尤其**是在北京○○贸易公司、天津○○海运公司及天津○○翻译公司实习中, …
>
> …, 특히 베이징 ○○무역회사, 텐진 ○○해운회사 및 텐진 ○○번역회사에서 실습하면서, …

- 尤其는 '특히 ~하다'라는 뜻의 부사로 주로 앞 구절의 내용 중 한 부분을 특별히 강조할 때 쓰인다.

  尤其 뒤에는 주로 是가 많이 쓰이며, 앞 구절 서술어를 받는다.
▷ 我喜欢看运动比赛，**尤其是**棒球比赛。

  나는 스포츠 경기 보는 걸 좋아하는데, 특히 야구 경기를 좋아한다.

▷ 我们班的同学们成绩都很好，**尤其**是她。

해석

해석 1. 손중산(손문) 선생은 1866년에 출생했다. 2. 네가 아는 것은 모두 가짜야.
3. 나는 전에 불어를 공부한 적이 있어서, 당신에게 번역해 줄 수 있습니다. 4. 우리 반 친구들은 성적이 다 좋은데, 특히 그녀의 성적이 좋다.

TEST 2

Y.u.m.m.y.E.x.p.r.e.s.s.i.o.n

1. 단어를 배열하여 문장을 만들어 보세요.

① 양국 정상은 10월 5일 오전 베이징에서 회담을 가졌습니다.

北京　进行　上午　首脑　会谈　5号　两国　在　于　10月

→ _____

② 네가 아는 것은 모두 가짜야.

假　你　的　是　知道　都　所　的

→ _____

③ 나는 전에 불어를 공부한 적이 있어서, 당신에게 번역해 줄 수 있습니다.

翻译　曾经　帮　学过　法语　我　你　可以

→ _____

④ 나는 스포츠 경기 보는 걸 좋아하는데, 특히 야구 경기를 좋아한다.

尤其　比赛　我　是　喜欢　运动　比赛　棒球　看

→ _____

⑤ 우리 반 친구들은 성적이 다 좋은데, 특히 그녀의 성적이 좋다.

尤其　的　是　同学们　我们　很　成绩　都　好　她　班

→ _____

2. 다음 주어진 단어들을 사용하여 이력서의 빈칸을 채우세요.

기본정보 및 학력:
  政治面貌
  最高学历
  毕业院校
  现所在地

구직의향:
  期望地点
  应聘职位
  期待薪资
  求职类型

현 주소		정치현황				
	北京		共产党员	身 高	168 cm	照片
联系号码	134-7878-5656					
졸업학교	北京○○大学			毕业时间	2010. 6. 24	
최종학력	**本科**	2010 年 毕业于 北京大学 校 日文 系 日文 专业				
구직유형	全职		희망직위		翻译员	
희망지역	北京		희망연봉		4,000 元	

3. 우리말 문장에 맞도록 중국어로 쓰세요. 문장 확장 연습

❶ 우수한 학생

→ _____

❷ 우리 학교에서 가장 우수한 학생

→ _____

❸ 그는 우리 학교에서 가장 우수한 학생이다.

→ _____

❹ 그는 예전에 우리 학교에서 가장 우수한 학생이었다.

→ _____

求职信 (자기소개서)

　　本人将于2011年6月从上海〇〇大学毕业，主修商务外语，同时选修了一些与商务相关的课程，如国际经济与贸易，金融学，财务与管理，人才资源管理等等。

　　在校期间积极参加广告社团活动，曾担任过社团团长。也多次进入企业实习，尤其是在上海〇〇广告公司实习中，进一步增强了本人的社会实践能力。

　　本人性格开朗，有较好的人际关系；工作态度热情执着，不半途而废，认真负责。

▼ 직접 해석해 보고, 모범 해석 확인 후 다시 읽어 보세요.

主修 zhǔxiū 동 전공하다 | 商务 shāngwù 명 비즈니스 | 选修 xuǎnxiū 동 선택하여 이수하다 |
金融 jīnróng 명 금융 | 财务 cáiwù 명 재무 | 资源 zīyuán 명 자원 | 社团 shètuán 명 동아리 |
开朗 kāilǎng 형 명랑하다 | 人际关系 rénjì guānxi 대인관계 | 执着 zhízhuó 형 끈기 있다 |
半途而废 bàn tú ér fèi 성 중간에 그만두다 | 负责 fùzé 동 책임지다

3과 레시피

烹饪法

독해
- 마파두부(麻婆豆腐) 레시피
- 토마토 계란볶음 (西红柿炒鸡蛋)

맛있는 표현
1. 一来~二来~
2. 使
3. 尽量
4. 弄得

레시피(烹饪法)

　　요즘 자신만의 레시피를 인터넷 블로그에 올리는 사람들이 많아졌습니다. 그래서 세계 각지의 색다른 요리도 레시피를 손쉽게 구해서 만들 수 있습니다. 중국요리를 할 때 한국식 중국요리가 아닌 정통 중국요리로 만들려면 역시 중국어 레시피를 알아야겠죠! 중국은 음식문화의 천국이라고 할 정도로 지역마다 풍미(风味)가 다양한 지방특색요리(地方特色菜)가 있으며, 그에 따른 요리법 역시 다양하고 독특합니다. 한국인에게도 익숙한 쓰촨요리(川菜) 중 마파두부(麻婆豆腐)는 어떻게 요리하는지 레시피를 통해 알아보고, 중국요리만의 독특한 요리법을 배워 봅시다.

동파육(东坡肉)
저장(浙江) 지역의 대표적 요리, 중국 문인 소동파(苏东坡)가 즐겨 먹었다고 한다.

- 재료: 带皮五花肉(껍질 있는 삼겹살), 绍兴黄酒(샤오싱 황주), 生姜(생강), 大葱(대파), 香葱(실파), 老抽(진간장),

새끼돼지 통구이(烤乳猪)
광둥(广东) 지역의 대표적 요리, 10kg 미만의 새끼돼지를 통째로 바비큐 한다.

- 재료: 光乳猪(새끼돼지), 花生油(땅콩기름, 구울 때 바름), 南味豆腐乳(남방식 발효두부), 芝麻酱(깨장), 葱(파), 蒜(마늘)

레시피 관련 표현 미리 맛보기

1 넣거나 담는 동작

> 洒 sǎ 뿌리다 | 放 fàng 넣다 | 下 xià 넣다 | 加 jiā 넣다 | 倒 dào 붓다 | 盛 chéng 담다

예 加点盐，倒点水。 소금을 조금 넣고 물을 붓는다.

2 재료를 다루는 동작

> 切 qiē 썰다 | 剁 duò 다지다 | 调 tiáo 섞다, 배합하다 | 拌 bàn 젓다, 섞다 |
> 捞 lāo 건지다 | 沥 lì 물기를 빼다 | 勾芡 gōu qiàn 전분을 풀어 걸쭉하게 하다 |
> 去 qù 제거하다

예 捞起肉沥干水。 고기를 꺼내서 물기를 말린다.

3 레시피 필수 보어

> 成 chéng ~가 되다 | 匀 yún 고르게 | 干 gān 마르다 | 入 rù 넣다 | 散 sàn 흩어놓다 |
> 至 zhì ~까지

예 把豆腐切成丁。 두부를 네모난 덩어리로 썬다.

4 조미료와 양념

> 盐 yán 소금 | 白糖 báitáng 백설탕 | 酱油 jiàngyóu 간장 | 辣椒粉 làjiāofěn 고춧가루 |
> 鸡精 jījīng 닭고기 다시다 | 味精 wèijīng (화학) 조미료 | 花椒粉 huājiāofěn 산초가루 |
> 芝麻油 zhīmayóu 참기름 | 姜油 jiāngyóu 생강기름 | 蒜油 suànyóu 마늘기름 |
> 豆瓣酱 dòubànjiàng 두반장 | 料酒 liàojiǔ 조리용 술

麻婆豆腐的做法

材料

嫩豆腐(500克)、牛肉末(150克)、干辣椒(15只)、姜末(半汤匙)、淀粉(1/2汤匙)

麻辣酱汁

❶豆瓣酱(2汤匙)、酱油(1汤匙)、白糖(1/2汤匙)、料酒(1/2汤匙)、❷花椒粉(1汤匙)、鸡精(1/3汤匙)、盐(1/5汤匙)、清水(1/2杯)

做法

1. 嫩豆腐切成丁，干辣椒也切成丝；将1/2汤匙淀粉和3汤匙清水调匀，做成淀粉水。
2. 烧开半锅水，加入1汤匙盐，将豆腐丁放入沸水中焯30秒，捞起沥干水备用。

3. 取一空碗，加入麻辣酱汁的所有调料拌匀，做成麻辣酱汁待用。
4. 烧热3汤匙油，以小火炒姜末和干辣椒，倒入牛肉末炒散至肉变色。
5. 倒入麻辣酱汁，与牛肉末一同拌炒均匀，烧至沸腾。
6. 倒入嫩豆腐丁轻轻拌匀，倒入淀粉水勾芡，洒上1/2汤匙花椒粉，即可上盘。

其他：若求快与方便，可以用超市的调料烧烧。

> **小贴士 (tip)**
> 1. 豆腐切丁后，要放入加盐的沸水中焯一下，[맛표현1] 一来可去豆腥味，[맛표현1] [맛표현2] 二来可使豆腐烹调时不易碎烂。
> 2. [맛표현3] 豆腐切丁，要尽量刀稳手轻，以免豆腐丁弄得[맛표현4] 不成型。

알아두면 유용한 상식

❶ 豆瓣酱 (두반장)
콩을 으깨지 않고 발효시킨 일종의 된장으로, 고추를 넣고 다시 발효시켜 검붉은 색을 띠며, 사천요리에서 주로 쓰이는 소스이다.

❷ 花椒 (산초)
花椒는 운향과의 초피나무의 열매로 우리에게는 보신탕 추어탕 등에 넣어 먹는 산초로 알려져 있다. 향기가 독특하며, 작고 둥근 열매를 씹으면 혀가 얼얼해진다.

맛있는 단어
Y.u.m.m.y.W.o.r.d.s

- 嫩 nèn 〔형〕 부드럽다
- 克 kè 〔양〕 그램(g)
- 末 mò 〔명〕 분말, 다짐
- 汤匙 tāngchí 〔명〕 국 스푼
- 淀粉 diànfěn 〔명〕 녹말, 전분
- 麻辣 málà 〔형〕 얼얼하고 맵다
- 酱汁 jiàngzhī 〔명〕 소스
- 酱油 jiàngyóu 〔명〕 간장
- 白糖 báitáng 〔명〕 백설탕
- 料酒 liàojiǔ 〔명〕 맛술, 요리용 술
- 鸡精 jījīng 〔명〕 조미료
- 丁 dīng 〔명〕 덩어리
- 沸水 fèishuǐ 〔명〕 끓는 물
- 焯 chāo 〔동〕 데치다
- 备用 bèiyòng 〔동〕 (쓸 수 있도록) 준비하다

- 调料 tiáoliào 〔명〕 양념
- 待用 dàiyòng 〔동〕 놔두었다가 쓰다
- 以 yǐ 〔전〕 ~로
- 沸腾 fèiténg 〔동〕 펄펄 끓다
- 即可 jíkě 〔부〕 바로 ~할 수 있다
- 上盘 shàng pán 접시에 담다
- 求 qiú 〔동〕 추구하다, 바라다
- 贴士 tiēshì 〔명〕 팁, 힌트
- 腥味 xīngwèi 〔명〕 비린내
- 烹调 pēngtiáo 〔동〕 요리하다
- 不易 búyì 〔부〕 쉽게 ~하지 않다
- 碎烂 suì làn 〔동〕 잘게 부서지다
- 尽量 jǐnliàng 〔부〕 가능한 한, 될 수 있는 한
- 刀稳手轻 dāo wěn shǒu qīng 가볍게 칼질 하다

체크체크

Q 보기에 주어진 단어를 이용해 빈칸을 채워 보세요.

보기   以   待用   嫩   即可   烹调

1. 别的女孩都羡慕她的皮肤很(   )。
2. 将西红柿洗干净(   )。
3. 打开网站，(   )查到有关信息。
4. (   )大火(   )，就可享受这道菜的原味。

본문 내용을 읽은 후, 아래 질문에 답해 보세요.

1. 下面哪一个不是麻婆豆腐的材料？

❶ 牛肉末　　❷ 姜末　　❸ 米饭　　❹ 嫩豆腐

2. 豆腐要怎么切？

❶ 切成丁　　❷ 切成丝　　❸ 切成片　　❹ 切成条

3. 豆腐丁放入沸水中要焯多久？

❶ 三秒　　❷ 三十秒　　❸ 三分钟　　❹ 三十分钟

4. 豆腐切丁后，放入加盐的沸水中焯30秒的理由是：

❶ 为了杀菌

❷ 为了去豆腥味

❸ 为了更快炒熟

❹ 为了豆腐里面有咸味

5. 请选出与上面不同的内容。

❶ 豆腐切丁时，要刀稳手轻。

❷ 如果觉得麻烦，也可以买超市的调料。

❸ 用加盐的沸水焯一下，豆腐就不易碎烂。

❹ 要以大火炒姜末和干辣椒。

맛있는 표현 Y.u.m.m.y.E.x.p.r.e.s.s.i.o.n

1 一来~二来~

> …，一来可去豆腥味，二来可使豆腐烹调时不易碎烂。
>
> …, 첫째는 콩 비린내를 제거할 수 있고, 둘째는 두부를 요리할 때 쉽게 부서지지 않게 할 수 있기 때문이다.

+ 一来는 '첫째는 ~'이라는 뜻으로 이유, 논거 등을 나열할 때 주로 사용한다. 뒤에는 차례대로 숫자를 나열하면 된다.

▷ 写日记，一来可以帮助反省自己，二来以后可以回忆美好时间。

　일기를 쓰면 첫째, 자신을 반성하는 데 도움이 되고, 둘째, 나중에 아름다운 시간을 회상할 수 있다.

▷ 我不能借钱给你，一来你没有还钱的能力，二来因为家人都反对。

[해석]

단어 反省 fǎnxǐng 동 반성하다 | 回忆 huíyì 동 회상하다, 추억하다

2 使

> …，一来可去豆腥味，二来可使豆腐烹调时不易碎烂。
>
> …, 첫째는 콩 비린내를 제거할 수 있고, 둘째는 두부를 요리할 때 쉽게 부서지지 않게 할 수 있기 때문이다.

+ 使는 '~로 하여금 ~하게 하다'라는 뜻의 전치사로 사역의 의미를 가지고 있다.

　　　　　　　　使 뒤에는 주로 명사, 대명사가 쓰임
▷ 你们的鼓励使我能够面对这件事。

　여러분의 격려가 저로 하여금 이 일을 직시할 수 있게 합니다.

▷ 王老师的话使我们很感动。

[해석]

단어 鼓励 gǔlì 동 격려하다

3 尽量

豆腐切丁，要尽量刀稳手轻，以免豆腐丁弄得不成型。

두부를 각지게 썰 때는 두부의 모양이 잘 안 만들어지지 않도록 가능한 칼을 안정되게 하고 손을 가볍게 한다.

➕ 尽量은 '가능한 한, 될 수 있는 한'이라는 뜻의 부사이다. 사전에 표기된 병음은 jǐnliàng 이지만, 많은 중국인들이 jìnliàng으로 읽기도 한다.

▷ 你尽量想办法解决这个问题。
　당신은 가능한 한 이 문제를 해결할 방법을 찾아 보세요.

　　　　　　　　　尽量 뒤에 别나 不要가 올 수 있다.
▷ 有台风的时候，尽量不要出门。

해석

4 弄得

豆腐切丁，要尽量刀稳手轻，以免豆腐丁弄得不成型。

두부를 각지게 썰 때는 두부의 모양이 잘 안 만들어지지 않도록 가능한 칼을 안정되게 하고 손을 가볍게 한다.

➕ 弄得는 '~하게 만들다'라는 뜻으로 뒤에는 주로 구절이 나온다.

　　　　　弄得 뒤에는 부정적인 어감의 표현이 쓰인다.
▷ 他每天弄得我的房间很脏。
　그는 매일 내 방을 아주 더럽게 만든다.

　　　　把자구는 弄得 앞에 나온다.
▷ 他把这件事弄得乱七八糟。

해석

단어 乱七八糟 luàn qī bā zāo [성] 엉망진창이다

해석
1. 나 너한테 돈 못 빌려줘. 첫째, 넌 돈 갚을 능력이 없고, 둘째, 식구들이 모두 반대하기 때문이야. 2. 왕 선생님의 말씀은 우리를 감동시켰다.
3. 태풍이 불 때는, 될 수 있는 한 나가지 마세요. 4. 그는 이 일을 아주 엉망진창으로 만들었다.

TEST 2

Y.u.m.m.y.E.x.p.r.e.s.s.i.o.n

1. 단어를 배열하여 문장을 만들어 보세요.

❶ 첫째, 넌 돈 갚을 능력이 없고, 둘째, 식구들이 모두 반대하기 때문이야.

因为 二来 的 一来 钱 都 没有 还 反对 你 家人 能力

→ _____

❷ 왕 선생님의 말씀은 우리를 감동시켰다.

感动 很 王老师 使 的 我们 话

→ _____

❸ 당신은 가능한 한 이 문제를 해결할 방법을 찾아 보세요.

这个 办法 你 想 解决 尽量 问题

→ _____

❹ 그는 매일 내 방을 아주 더럽게 만든다.

他 房间 很 脏 弄得 每天 的 我

→ _____

❺ 그는 이 일을 아주 엉망진창으로 만들었다.

把 弄得 他 乱七八糟 这件事

→ _____

2. 다음 주어진 단어들을 사용하여 레시피를 만들어 보세요.

넣거나 담는 동작:	재료를 다루는 동작:	보어:
洒 放	切 剁	成 匀
下 加	调 拌	干 入
倒 盛	捞 沥	散 至
	勾芡 去	

❶ 전분 1/2 큰 술과 깨끗한 물 3 큰 술을 고르게 섞어서, 전분수로 만든다.

→ _____

❷ 마라 소스의 모든 양념을 넣고 고르게 젓는다.

→ _____

❸ 다진 소고기를 넣고 고기의 색이 변할 때까지 흩어 주면서 볶는다.

→ _____

3. 우리말 문장에 맞도록 중국어로 쓰세요. `문장 확장 연습`

❶ 이 일을 직시하다.

→ _____

❷ 이 일을 직시할 수 있다.

→ _____

❸ 저로 하여금 이 일을 직시할 수 있게 합니다.

→ _____

❹ 여러분의 격려가 저로 하여금 이 일을 직시할 수 있게 합니다.

→ _____

西红柿炒鸡蛋 (토마토 계란볶음)

材料

鸡蛋3个、西红柿150克、素油
4汤匙、盐、味精、糖1汤匙

做法

1. 将西红柿洗净后用沸水烫一下，去皮、去蒂，切片待用。
2. 将鸡蛋打入碗中，加盐，用筷子充分打匀待用。
3. 炒锅放油3汤匙烧热，将鸡蛋放入锅中炒熟盛出待用。
4. 将剩余的油烧热，下西红柿片炒一下，放盐、糖，炒一会儿，倒入鸡蛋翻炒几下盛出即可。

▼ 직접 해석해 보고, 모범 해석 확인 후 다시 읽어 보세요.

素油 sùyóu 몡 식물성 식용유 | 烫 tàng 동 데치다 | 蒂 dì 몡 꼭지 | 打 dǎ 동 깨다, 젓다 |
剩余 shèngyú 동 남다 | 翻炒 fānchǎo 동 뒤집어서 볶다

4과 계약서
合同书

독해
- 주택임대 계약서 1
- 주택임대 계약서 2

맛있는 표현
1 否则
2 未
3 任何
4 均

계약서

중국에서 장기 체류할 경우에 집을 구매하거나 세를 얻는데, 이때 꼭 하게 되는 것이 계약서를 작성하는 일입니다. 계약을 다른 사람에게 맡기거나 계약서의 내용을 다 이해하지 못한 채로 계약서에 서명을 하면, 나중에 엄청난 물질적, 정신적 손해를 입게 될 수 있습니다. 이번 과에서는 임대계약서의 중요부분을 독해하고, 계약서를 작성할 때 알아야 할 표현에 대해 알아봅시다.

※ 본문은 중국 주택임대 표준계약서의 내용을 참고하였으나, 독해를 쉽게 하기 위해 일부 내용을 발췌, 변경하였음을 알려 드립니다.

房屋租赁协议

房屋租凭协议: 주택임대 계약서

合同条款: 계약조항

甲方（出租方）：上海上美工艺灯饰制造有限公司
乙方（承租方）：臧煜卓（迪奕网络科技（上海）有限公司）

甲方（出租方）: 갑(임대인)
乙方（承租方）: 을(임차인)

一、甲方将上海市沪松公路1686号一幢三楼302室房间出租给乙方，出租期为贰年（2007年6月1日至2009年6月1日），面积为：205平方米，租金为每月：人民币壹万伍仟元整（￥15000.00），每三月一付。先付后用，下一年如续租则必须提前一个月通知甲方。

※**每三月一付**: 3개월마다 한 번 납부. 중국은 3개월치 혹은 2개월치 월세를 한번에 미리 납부하는 방식을 취한다.
・**交三押一**: 월세 3개월치와 보증금 1개월치를 미리 낸다.
・**交二押一**: 월세 2개월치와 보증금 1개월치를 미리 낸다.

二、每月水电费必须按时付清，不得拖延。

三、乙方在租期内应保持房屋整洁，不得故意损坏建筑。乙方若在房内装修或改造，必须征得甲方同意，室内的维修及保养由乙方负责。房屋租赁合同的所有相关税费均由乙方承担。

四、在租赁期内乙方不得将房屋转租给他人。租赁期满后，乙方在房屋内所造和装修的结果将归甲方所有，乙方不得人为破坏。

五、如果房屋遇到国家或集体动用，乙方将无条件解除协议，房屋租金甲方将按天数计算，如实退回。

六、乙方在租赁期内必须合法经营，安全作业，一切因不法行为和违章操作所引起的后果，乙方自行承担全部责任。

七、本协议一式两份，双方各持一份，自双方签字后有效。

甲方：上海上美工艺灯饰制造有限公司
签字：
日期：

乙方：臧煜卓 迪奕网络科技（上海）有限公司
签字：
日期：

甲方/乙方: 갑/을
签字: 서명
日期: 일자

주택임대계약서 미리 맛보기

1 계약 당사자 및 관계기관

出租方 chūzū fāng 임대인 | 甲方 jiǎfāng 갑 | 承租方 chéngzū fāng 임차인 |
乙方 yǐfāng 을 | 法定代表人 fǎdìng dàibiǎorén (기업 등의 법적) 대표 |
委托代理人 wěituō dàilǐrén 대리인 |
市房屋租赁管理局 shì fángwū zūlìn guǎnlǐjú 시 주택임대차관리국 |
市工商行政管理局 shì gōngshāng xíngzhèng guǎnlǐjú 시 상공업행정관리국 |
人民法院 rénmín fǎyuàn 인민법원

예) 出租方：郭靖，以下简称甲方。
임대인: 궈징, 이하 갑이라 칭함.

2 주택 관련 사항

市 shì 시 | 街 jiē 가 | 巷 xiàng 골목 | 号 hào 호(번지) | 栋 dòng 동 | 间 jiān 호(집) |
建筑面积 jiànzhù miànjī 건축면적 | 使用面积 shǐyòng miànjī 사용면적 |
类型 lèixíng 유형 | 结构等级 jiégòu děngjí 구조등급 |
完损等级 wánsǔn děngjí 상태등급 | 租金 zūjīn 임대료 | 税费 shuìfèi 세금비용

예) 建筑面积为120平方米。
건축면적은 120평방미터이다.

3 책임사항

违约 wéiyuē 계약을 위반하다 | 负责 fùzé 책임지다 | 赔偿 péicháng 배상하다 |
履行 lǚxíng 이행하다 | 逾期 yúqī 기한을 넘기다 | 期满 qīmǎn 기한이 되다 |
争议 zhēngyì 이견, 분쟁 | 无效 wúxiào 무효, 효력이 없다 | 条款 tiáokuǎn 조항

예) 若违约，要赔偿违约金。
만약 계약을 위반하면, 위약금을 배상해야 한다.

租房合同书

订立合同双方：
　　出租方：<u>郭　靖</u>，以下简称甲方
　　承租方：<u>周伯通</u>，以下简称乙方

　　根据《中华人民共和国经济合同法》及有关规定，为明确甲、乙双方的权利义务关系，经双方协商一致，签订本合同。

　　第一条　甲方将自有的坐落在 <u>北京</u> 市 <u>朝阳</u> 区 <u>朝阳公园西里北</u> 区 <u>4</u> 楼 <u>2</u> 单元 <u>101</u> 号，建筑面积 <u>120</u> 平方米、使用面积 <u>100</u> 平方米，类型 <u>家用</u>，❶<u>结构等级</u> <u>一级</u>，❷<u>完损等级</u> <u>基本完好房</u>，出租给乙方作 <u>住房</u> 使用。

　　第二条　租赁期限
　　租赁期共 <u>24</u> 个月，甲方从 <u>2010</u> 年 <u>10</u> 月 <u>15</u> 日起将出租房屋交付乙方使用，至 <u>2012</u> 年 <u>10</u> 月 <u>14</u> 日收回。

　　第三条　租金和租金交纳期限
　　甲乙双方议定月租金 <u>5,000</u> 元，由乙方在 <u>每月 15</u> 日交付给甲方。先付后用。甲方收取租金时必须出具由税务机关监制的收据，<u>否则</u>乙方可以拒付。

　　……

……

第六条 违约责任

1. 乙方逾期交付租金，除了租金以外，并按租金的 1%，以天数计算向甲方交付违约金。
2. 甲方向乙方收取租金以外的费用，乙方有权拒付。
3. 本合同期满后，若乙方未经甲方同意，继续使用该房屋，乙方须按租金的 4%，以天数计算向甲方交付违约金，甲方仍有终止合同的申诉权。

……

第八条 争议解决的方式

　　本合同在履行中如发生争议，双方应协商解决；协商不成时，任何一方均可向房屋租赁管理局申请调解，调解无效时，可向市工商行政管理局申请仲裁，也可以向人民法院起诉。

알아두면 유용한 상식

❶ 结构等级(구조등급)
구조등급은 건물을 건축할 때의 구조와 재료 등을 종합해서 건물의 구조적 내구성을 평가한 등급이다.

❷ 完损等级(상태등급)
상태등급은 파손 정도, 인테리어, 설비 등을 종합하여 건물의 종합적인 상태를 完好房(안벽), 基本完好房(대체로 양호), 一般损坏房(일반적인 파손), 严重损坏房(심각한 파손), 危险房(위험)의 다섯 개 등급으로 평가한다.

맛있는 단어 Y.u.m.m.y.W.o.r.d.s

- 合同书 hétóngshū 명 계약서
- 订立 dìnglì 동 맺다, 체결하다
- 简称 jiǎnchēng 명 동 약칭(하다)
- 规定 guīdìng 명 동 규정(하다)
- 明确 míngquè 동 명확하게 하다
- 权利 quánlì 명 권리
- 义务 yìwù 명 의무
- 经 jīng 동 통하다, 거치다
- 协商 xiéshāng 동 협의하다, 협상하다
- 一致 yízhì 형 일치하다
- 签订 qiāndìng 동 맺다, 체결하다
- 坐落 zuòluò 동 자리잡다, 위치하다
- 出租 chūzū 동 세놓다
- 租赁 zūlìn 동 임차하다, 임대하다
- 期限 qīxiàn 명 기한
- 交付 jiāofù 동 지불하다, 양도하다
- 收回 shōuhuí 동 회수하다
- 交纳 jiāonà 동 납부하다
- 收取 shōuqǔ 동 받다, 수취하다
- 出具 chūjù 동 (증명서 등을) 발급하다
- 税务机关 shuìwù jīguān 명 세무기관
- 监制 jiānzhì 동 감독하다
- 收据 shōujù 명 영수증
- 否则 fǒuzé 접 그렇지 않으면
- 拒付 jùfù 동 지불을 거절하다
- 补交 bǔjiāo 동 보충해서 내다
- 欠租 qiànzū 명 내지 못한 세(임대료)
- 仍 réng 부 여전히
- 终止 zhōngzhǐ 동 종결하다
- 申诉权 shēnsù quán 명 소송권
- 调解 tiáojiě 동 조정하다
- 仲裁 zhòngcái 동 중재하다
- 起诉 qǐsù 동 기소하다

체크체크

Q 보기에 주어진 단어를 이용해 빈칸을 채워 보세요.

> 보기 义务 规定 明确 签订 仍

1. 你要(   )人生的方向。
2. 我们都有纳税的(   )。
3. 我跟他(   )了买卖房子的合同。
4. 虽然现在是21世纪，但学校(   )(   )学生不能染发。

본문 내용을 읽은 후, 아래 질문에 답해 보세요.

1. 根据本文内容，甲方是谁？

① 周伯通　　② 承租方　　③ 人民法院　　④ 郭靖

2. 下面哪一个是有关甲方房子的说明？

① 使用面积为120平方米　　② 结构登记为二级

③ 类型为家用　　④ 完损等级为严重损坏房

3. 下面哪一个不是有关租金交纳的说明？

① 先用后付

② 月租金为5000元

③ 乙方每个月15日得交付租金

④ 甲方收取租金以后要出具收据

4. 乙方如果逾期交付租金，会怎么样？

① 要退房　　② 警察会抓住的

③ 没有任何责任　　④ 要交付违约金

5. 请选出与上面不同的内容。

① 租赁期为两年。

② 双方根据相关法律及规定签订了合同。

③ 如果发生争议，只能在法院里解决。

④ 如果甲方不出具收据，乙方可以拒付。

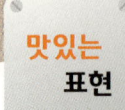

1 否则

甲方收取租金时必须出具由税务机关监制的收据，否则乙方可以拒付。

갑은 임대료를 수취할 때, 반드시 세무기관이 감독하는 영수증을 작성해야 하며, 그렇지 않을 경우 을은 지불을 거부할 수 있다.

➕ 否则는 '만약 그렇지 않으면'이라는 뜻의 접속사로, 要不然과 비슷하지만 문어체에 많이 쓰인다.

▷ 你必须处理好这个问题，否则公司会炒你的。

　　否则 뒤에는 会가 자주 쓰인다

　당신은 반드시 이 문제를 잘 처리해야 해요. 그렇지 않으면 회사가 당신을 자를 거예요.

▷ 请按照说明书使用，否则会发生安全事故。

해석

단어　炒 chǎo 图 자르다, 해고하다

2 未

本合同期满后，若乙方未经甲方同意，继续使用该房屋，…

본 계약의 기한이 만료된 후, 만약 을이 갑의 동의를 거치지 않고, 계속 이 주택을 사용할 경우, …

➕ 未는 '아직 ~하지 않다'라는 뜻의 부사로, 과거 부정을 나타내는 没有와 비슷한 역할을 하지만 문어체에 많이 쓰인다.

　　未 앞에는 尚(아직)이 자주 쓰인다

▷ 他们尚未签订合同。

　그들은 아직 계약을 체결하지 않았다.

　　未经은 '~를 거치지 않고'라는 의미

▷ 未经学校同意，不得使用操场。

해석

단어　尚 shàng 图 아직 | 操场 cāochǎng 图 운동장

3 任何

> 协商不成时，任何一方均可向房屋租赁管理局申请调解，…
> 협의가 이루어지지 않을 때는 어느 측이든지 주택임대차관리국에 조정을 신청할 수 있으며, …

+ 任何는 '어떠한, 무슨'이라는 뜻의 대명사이며, 전체를 지칭하는 표현으로 쓰인다.

▷ 若发生问题，我们不负任何责任。
  만일 문제가 발생하면, 우리는 어떤 책임도 지지 않을 겁니다.

  任何 뒤에는 都나 也가 자주 쓰인다

▷ 任何人都有权利选择自己的未来。

  [해석]

4 均

> 协商不成时，任何一方均可向房屋租赁管理局申请调解，…
> 협의가 이루어지지 않을 때는 어느 측이든지 주택임대차관리국에 조정을 신청할 수 있으며, …

+ 均은 '모두, 다'라는 뜻의 부사이며, 주로 문어체에서 많이 쓰인다.

  均과 所有를 함께 사용하여 '모든'의 의미를 강조

▷ 会员均可以享受本中心所有的服务。
  회원들은 모두 이 센터의 모든 서비스를 누릴 수 있습니다.

▷ 两种看法均有问题。

  [해석]

 1. 설명서에 따라 사용하세요. 그렇지 않으면 안전사고가 발생할 수 있습니다. 2. 학교의 동의를 거치지 않으면, 운동장을 사용할 수 없습니다. 3. 누구든 자신의 미래를 선택할 권리가 있다. 4. 두 가지 견해 모두 문제가 있습니다.

TEST 2

1. 단어를 배열하여 문장을 만들어 보세요.

① 설명서에 따라 사용하세요, 그렇지 않으면 안전사고가 발생할 수 있습니다.

否则   会   安全事故   请   发生   说明书   按照   使用

→ _____

② 당신 반드시 이 문제를 잘 처리해야 해요, 그렇지 않으면 회사가 당신을 자를 거예요.

你   好   炒   的   否则   必须   这个   会   处理   公司   你   问题

→ _____

③ 학교의 동의를 거치지 않으면, 운동장을 사용할 수 없습니다.

同意   未   使用   学校   操场   经   不得

→ _____

④ 만일 문제가 발생하면, 우리는 어떤 책임도 지지 않을 겁니다.

我们   发生   责任   任何   问题   不   负   若

→ _____

⑤ 회원들은 모두 이 센터의 모든 서비스를 누릴 수 있습니다.

服务   可以   中心   会员   的   均   本   所有   享受

→ _____

2. 다음 주어진 단어들을 사용하여 계약서 조항을 완성해 보세요.

계약자:	주택 관련:	책임사항:
出租方 甲方 承租方 乙方 甲乙双方	建筑面积　使用面积 类型　　　完损等级 结构等级　租金 税费	违约金　赔偿 负责　　逾期 履行　　期满 争议

❶ 갑과 을 쌍방은 월 임대료를 5,000위엔으로 정하고, 을은 매월 15일 갑에게 지불한다.

→ ＿＿＿＿＿议定月＿＿＿＿＿, 由＿＿＿＿＿交付给＿＿＿＿＿。

❷ 본 계약의 기한이 만료된 후, 만약 을이 갑의 동의를 거치지 않고, 계속 이 주택을 사용할 경우, 을은 월 임대료의 4%를 일수로 계산하여 갑에게 위약금을 지불해야 한다.

→ 本合同＿＿＿＿＿后，若＿＿＿＿＿同意，继续使用该房屋，乙方须按租金的4%，以天数计算＿＿＿＿＿。

❸ 본 계약의 이행 중 쟁의가 발생하면, 쌍방은 협의하여 해결해야 한다.

→ 本＿＿＿＿＿，双方应协商解决。

3. 우리말 문장에 맞도록 중국어로 쓰세요. 〔문장 확장 연습〕

❶ 자신의 미래

→ ＿＿＿＿＿

❷ 자신의 미래를 선택하다.

→ ＿＿＿＿＿

❸ 자신의 미래를 선택할 권리가 있다.

→ ＿＿＿＿＿

❹ 누구든 자신의 미래를 선택할 권리가 있다.

→ ＿＿＿＿＿

租房合同书 (주택임대 계약서)

第四条　租赁期间的房屋修缮和装饰

　　修缮房屋是甲方的义务。甲方对出租房屋及其设备应定期检查，及时修缮，做到不漏、不淹、三通（户内上水、下水、照明电）和门窗好，以保障乙方安全正常使用。

　　甲方修缮房屋时，乙方应积极协助，不得阻挠施工。

▼ 직접 해석해 보고, 모범 해석 확인 후 다시 읽어 보세요.

 단어
修缮 xiūshàn 동 (건축물을) 수리하다, 보수하다 | 装饰 zhuāngshì 동 장식하다 |
设备 shèbèi 명 동 설비(하다) | 定期 dìngqī 형 정기적인 | 检查 jiǎnchá 동 검사하다 | 漏 lòu 동 새다 |
淹 yān 동 침수하다, 잠기다 | 户内 hù nèi 집안 | 保障 bǎozhàng 동 보장하다 | 积极 jījí 형 적극적이다 |
协助 xiézhù 동 협조하다 | 阻挠 zǔnáo 동 방해하다 | 施工 shīgōng 동 시공하다

5과 컴퓨터: 특수키의 절묘한 활용

电脑:
特殊键的妙用

독해
- Shift 키의 절묘한 활용
- Esc 키의 절묘한 활용
- 바이러스 제거방법

맛있는 표현
1 并
2 某
3 其实
4 免不了

컴퓨터 활용

이 책을 공부하는 여러분은 아마도 한 번쯤은 중국 인터넷 사이트에 접속해서 검색을 해본 경험이 있거나, 워드 등의 프로그램을 이용해 중국어 문서를 작성해 보셨을 겁니다. 인터넷과 컴퓨터 관련 용어들이 전혀 낯설지 않은 지금 세대에게 컴퓨터 관련 독해는 필수적이라고 할 수 있습니다. 특히 중국은 한국과 달리 컴퓨터 관련 외래어를 대부분 번역해서 사용하기 때문에, 처음 접했을 때 당황스러울 수 있으므로 관련표현을 정확하게 알아둔다면 많은 도움이 되겠죠. 이번 과에서는 특수키 관련 내용을 읽어보고, 일상에서 많이 쓰이는 컴퓨터 관련 표현을 알아보겠습니다.

키보드의 주요키
Backspace(回格 huígé) / Enter(回车 huíchē)
Shift(上档 shàngdàng) / Ctrl(控制 kòngzhì)
Insert(插入 chārù) / Delete(删除 shānchú)

컴퓨터 활용 표현 미리 맛보기

1 컴퓨터 구성

主机 zhǔjī 메인 컴퓨터 | 显示器 xiǎnshìqì 모니터 | 键盘 jiànpán 키보드 |
鼠标 shǔbiāo 마우스 | 硬盘 yìngpán 하드 디스크 | U盘(优盘) u pán USB(이동식 메모리) |
光盘 guāngpán CD | 硬件 yìngjiàn 하드웨어 | 软件 ruǎnjiàn 소프트웨어

예 用鼠标点击 마우스로 클릭하다

2 컴퓨터 활용 명사

窗口 chuāngkǒu 창 | 按钮 ànniǔ 버튼 | 文件 wénjiàn 파일 | 文件夹 wénjiànjiā 폴더 |
菜单 càidān 메뉴 | 图标 túbiāo 아이콘 | 回收站 huíshōuzhàn 휴지통 |
选项 xuǎnxiàng 선택항목 | 选字框 xuǎnzikuàng 입력도구 | 程序 chéngxù 프로그램

예 选择几个文件 몇 개의 파일을 선택하다

3 컴퓨터 활용 동사

复制 fùzhì 복사하다 | 剪切 jiǎnqiē 자르다 | 粘贴 zhāntiē 붙이다 | 删除 shānchú 삭제하다 |
存储 cúnchǔ 저장하다 | 输入 shūrù 입력하다 | 安装 ānzhuāng 설치(setup)하다 |
打开 dǎkāi 열다 | 激活 jīhuó 활성시키다 | 启动 qǐdòng 부팅하다 | 关闭 guānbì (창을) 닫다

예 输入大小写字母 대소문자를 입력하다

4 마우스 활용 동사

按 àn 누르다 | 点击 diǎnjī 클릭하다 |
单击 dānjī 원클릭 하다 | 双击 shuāngjī 더블클릭 하다 |
右击 yòujī 마우스 오른쪽을 클릭하다 | 左击 zuǒjī 마우스 왼쪽을 클릭하다

예 双击选择的文件 선택한 파일을 더블클릭 하다

Shift键的妙用

Shift键我们经常使用，但是有些功能你可能并不知道，下面我们就从几个方面来讲一下shift键的妙用：

1. 当你用❶QQ和别人聊天时，是不是有时信息发送得特别慢呀？不要紧，只要你发信息时按shift键信息就会很快的发送出去！
2. 当你面对一大堆窗口，却要一个一个把它们关掉时，是不是很烦呢？只要你按着shift键再单击关闭按扭，所有的窗口就会全部关掉。
3. 在❷输入大小写字母时，按着shift键，再按字母就可以改变其大小写。
4. 当安装了某个新软件，有时要重新启动电脑才行，但是你只要先按shift键，就能跳过重新启动，而节省大量的时间！
5. 选择几个文件时，先点第一个文件然后按着shift键，再选最后一个文件，可以一次选几个文件了。
6. 按着shift键删除文件，就可以不经过回收站。

 05

Esc键的妙用

对一般用户来说，位于键盘左上方的Esc键并不常用，但你知道吗？其实借助Esc键可以有不少的快捷操作哦！

1. 上网时，如果点错了某个网址，直接按Esc键即可停止打开当前网页。
2. 上网时总免不了要填写一些用户名什么的，如果填错了，按Esc键即可清除所有的框内内容；而打字时，如果打错了也可以按Esc键来清除错误的选字框。
3. 当某个程序最小化，而你又想将其恢复为当前位置时，按"Alt+Esc"键就行，而不必用鼠标点击标题栏。
4. "取消"选项的窗口弹出来的时候，如果你要选择取消的话，直接按Esc键即可实现"取消"操作。

알아두면 유용한 상식

❶ QQ(腾讯)
QQ는 중국에서 가장 많이 사용되고 있는 채팅 프로그램이다. 인터넷을 하는 중국인 대부분이 QQ아이디를 가지고 있기 때문에, 중국 친구들과 인터넷채팅을 하려면 QQ아이디가 필요하다. 단, 한국어 윈도우에는 잘 맞지 않아 글자가 깨지는 경우가 생기기도 하고, 바이러스 프로그램으로 오인되는 경우도 있다.

❷ 输入大小写字母
(대소문자를 입력하다)
영문 대소문자 입력 시에 사용하며, 중국어에는 대소문자가 없기 때문에 중국어 입력 시에는 Shift키를 사용하지 않는다.

맛있는 단어 Yummy Words

- 键 jiàn 명 키, 자판
- 妙用 miàoyòng 동 절묘하게 활용하다
- 功能 gōngnéng 명 기능
- 大小写 dà xiǎo xiě 명 대소문자
- 重新 chóngxīn 부 새롭게, 다시
- 跳过 tiàoguò 동 건너뛰다
- 节省 jiéshěng 동 절약하다, 아끼다
- 选择 xuǎnzé 동 선택하다
- 用户 yònghù 명 고객, 사용자
- 位于 wèiyú 동 ~에 위치하다
- 借助 jièzhù 동 도움을 받다
- 快捷 kuàijié 형 민첩하고 빠르다
- 操作 cāozuò 동 조작하다, 다루다
- 网址 wǎngzhǐ 명 홈페이지 주소
- 停止 tíngzhǐ 동 정지하다, 중지하다
- 网页 wǎngyè 명 홈페이지
- 清除 qīngchú 동 다 없애다, 깨끗이 처리하다
- 框 kuàng 명 테두리, 틀
- 错误 cuòwù 형 틀리다, 잘못되다
- 恢复 huīfù 동 회복하다
- 位置 wèizhì 명 위치
- 取消 qǔxiāo 동 취소하다
- 弹 tán 동 튕기다

체크 체크

Q 보기에 주어진 단어를 이용해 빈칸을 채워 보세요.

| 보기 | 功能　重新　节省　位于　恢复 |

1. 我们（　　）建立了关系。
2. 他的身体好多了，但是还没完全（　　）。
3. 他们公司（　　）北京朝阳区。
4. 使用这些（　　），可以（　　）很多时间。

TEST 1

본문 내용을 읽은 후, 아래 질문에 답해 보세요.

1. 根据本文内容，下面哪一个键是我们经常使用的？

　❶ Esc　　　❷ Ins　　　❸ Shift　　　❹ Alt

2. 删除文件时，如果不想经过回收站，该怎么办？

　❶ 按Esc键就行

　❷ 按Shift键就行

　❸ 按着Esc键删除文件就行

　❹ 按着Shift键删除文件就行

3. 点错了某个网址的时候，按Esc键会怎么样？

　❶ 清除错误的内容　　　❷ 停止打开网页

　❸ 跳过重新启动　　　　❹ 改变大小写

4. Esc键在哪儿？

　❶ 在显示器左上方　　　❷ 在主机右下方

　❸ 在键盘左上方　　　　❹ 在键盘右上方

5. 请选出与上面不同的内容。

　❶ 人们都知道Shift键的所有功能。

　❷ 一般的用户不常用Esc键。

　❸ Shift键和Esc键有很多功能。

　❹ 使用Shift键和Esc键可以节省时间。

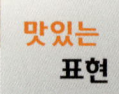

맛있는 표현
Y.u.m.m.y.E.x.p.r.e.s.s.i.o.n

1 并

> **Shift键我们经常使用，但是有些功能你可能并不知道，…**
>
> Shift 키는 우리가 자주 사용하지만, 어떤 기능들은 아마도 절대 모를 것입니다. …

➕ 并은 뒤에 不나 没와 같은 부정표현이 오면 '결코'라는 의미가 되며 부정을 강조하는 역할을 한다.

▷ 你不要跟他结婚，他并不爱你。

　너 그 사람과 결혼하지 마, 그는 결코 너를 사랑하지 않아.

▷ 我并没有错，你再看一下。

2 某

> **当安装了某个新软件，有时要重新启动电脑才行，…**
>
> 어떤 새로운 프로그램을 깔고 나면, 어떤 때는 컴퓨터를 다시 부팅해야 하는데, …

➕ 某는 '어느' 또는 '모'라는 뜻의 대명사로, 불특정한 사람 혹은 사물을 가리킬 때 쓰거나 이름이나 내용을 밝히고 싶지 않을 때 사용한다.

▷ 王某在图书馆丢了一个钱包。

　왕모라는 사람이 도서관에서 지갑을 하나 잃어버렸다.

　　　　　　　某 뒤에 个나 些 같은 양사가 올 수 있다

▷ 我觉得某些学生在学习方面有问题。

3 其实

其实借助Esc键可以有不少的快捷操作哦！

사실 Esc 키의 도움을 받으면, 빠른 조작을 많이 할 수 있습니다!

➕ 其实는 '사실, 기실'이라는 뜻의 부사로, 앞의 문장의 내용과 상반되는 내용이나 보충내용을 설명할 때 쓰인다.

▷ 我们都以为她喜欢泡菜，<u>其实</u>她并不喜欢。 〔其实는 주어 앞에 쓰일 수 있다〕

　우리는 모두 그녀가 김치를 좋아하는 줄 알았지만, 사실 그녀는 결코 좋아하지 않는다.

▷ 他说有办法，我们<u>其实</u>都知道他也没办法。 〔其实는 주어 뒤, 동사 앞에도 쓰일 수 있다〕

4 免不了

上网时总免不了要填写一些用户名什么的，…

인터넷을 할 때, 항상 ID 등을 기입할 수밖에 없는데, …

➕ 免不了는 '피하기 어렵다, ~하지 않을 수 없다'라는 뜻의 동사이며, 难免 등으로 바꿔서 쓸 수 있다.

▷ 我们的人生很短，也<u>免不了</u>面对死亡。 우리 인생은 아주 짧고, 죽음을 피할 수도 없다.

▷ 你们这样决定，<u>免不了会出问题</u>的。 〔免不了의 뒤에 구절이 올 때는 会나 要가 잘 쓰인다〕

단어 面对 miànduì 동 대면하다 | 决定 juédìng 동 결정하다

1. 난 결코 틀리지 않았어, 너 다시 한번 봐봐. 2. 저는 어떤 학생들은 학습부분에 문제가 있다고 생각합니다.
3. 그는 방법이 있다고 말했지만, 우리는 사실 그도 방법이 없다는 것을 알고 있었다.
4. 너희들 이렇게 결정하면, 반드시 문제가 생길 거야.

TEST 2

Y.u.m.m.y.E.x.p.r.e.s.s.i.o.n

1. 단어를 배열하여 문장을 만들어 보세요.

❶ 너 그 사람과 결혼하지 마, 그는 결코 너를 사랑하지 않아.

你　并　跟　他　爱　不要　他　不　结婚　你

→ _____

❷ 왕모라는 사람이 도서관에서 지갑을 하나 잃어버렸다.

一个　王　图书馆　钱包　某　丢　在　了

→ _____

❸ 우리는 모두 그녀가 김치를 좋아하는 줄 알았지만, 사실 그녀는 결코 좋아하지 않는다.

以为　不　都　她　喜欢　喜欢　其实　她　并　泡菜　我们

→ _____

❹ 우리 인생은 아주 짧고, 죽음을 피할 수도 없다.

我们　死亡　短　免不了　人生　的　很　也　面对

→ _____

❺ 너희들 이렇게 결정하면, 반드시 문제가 생길 거야.

问题　决定　你们　这样　的　出　免不了　会

→ _____

2. 다음 주어진 단어들을 사용하여 중국어 문장을 완성하세요.

컴퓨터 구성:	컴퓨터 관련 명사:	컴퓨터 관련 동사:	마우스 관련:
鼠标	文件夹	安装	按
软件	回收站	启动	单击
键盘	文件	输入	双击
硬盘	按扭	打开	右击
	选项		左击
	程序		

❶ 폴더를 열어서 파일을 하나 선택한다. → ＿＿＿＿＿＿选择＿＿＿＿＿＿。

❷ 마우스로 파일을 더블클릭 한다. → 用鼠标＿＿＿＿＿＿。

❸ 선택항목이 뜨면, 취소버튼을 누른다. → 选项弹出来，就＿＿＿＿＿＿。

❹ 새로운 소프트웨어를 설치한 뒤에는 다시 부팅을 해야 한다.

→ ＿＿＿＿＿以后，要＿＿＿＿＿。

3. 우리말 문장에 맞도록 중국어로 쓰세요. 문장 확장 연습

❶ 문제가 있다.

→ ＿＿＿＿＿＿＿＿＿＿＿＿＿＿＿＿＿＿＿＿＿＿＿＿＿＿＿＿

❷ 학습부분에 문제가 있다.

→ ＿＿＿＿＿＿＿＿＿＿＿＿＿＿＿＿＿＿＿＿＿＿＿＿＿＿＿＿

❸ 어떤 학생들은 학습부분에 문제가 있다.

→ ＿＿＿＿＿＿＿＿＿＿＿＿＿＿＿＿＿＿＿＿＿＿＿＿＿＿＿＿

❹ 저는 어떤 학생들은 학습부분에 문제가 있다고 생각합니다.

→ ＿＿＿＿＿＿＿＿＿＿＿＿＿＿＿＿＿＿＿＿＿＿＿＿＿＿＿＿

杀毒方法 (바이러스 제거방법)

[提问]

　　最近我发现我的电脑中毒了，但不知道怎么杀毒。

[最佳答案]

　　一般情况下，杀毒软件只要能告诉你木马病毒的名称，肯定就能识别并删除。

　　木马病毒(特洛伊/后门等)一般情况下都比较顽固，常规模式下不好清除。木马病毒容易隐藏病毒文件并感染其他系统文件。

　　杀毒方法：首先重启电脑，进入安全模式，再启动你的杀毒软件扫描一遍就可以了。

▼ 직접 해석해 보고, 모범 해석 확인 후 다시 읽어 보세요.

 杀毒 shādú 동 바이러스를 제거하다 | 中毒 zhòngdú 동 바이러스에 걸리다 | 最佳答案 zuìjiā dá'àn 최우수 답변 | 杀毒软件 shādú ruǎnjiàn 명 백신 프로그램 | 木马病毒 mùmǎ bìngdú 목마 바이러스 | 名称 míngchēng 명 명칭 | 识别 shíbié 동 식별하다 | 特洛伊 Tèluòyī 트로이 | 后门 hòumén 백도어(바이러스의 일종) | 顽固 wángù 형 완고하다, 끈질기다 | 常规模式 chángguī móshì 일반모드 | 隐藏 yǐncáng 동 숨기다 | 系统 xìtǒng 명 시스템 | 安全模式 ānquán móshì 안전모드 | 扫描 sǎomiáo 동 스캐닝 하다

생활 속의 독해 Ⅱ

채용, 쇼핑 등의 광고와 안내문을 소재로 더욱 구체적이고 현실적인 독해문장과 실전에 한 걸음 더 다가갈 수 있는 내용으로 구성되었습니다.

6과 표어와 안내문 标语和温馨提示   85

7과 사람찾기 광고 寻人启事   97

8과 물건찾기 광고 寻物启事   109

9과 채용광고 招聘启事   121

10과 쇼핑광고 购物广告   133

6과 표어와 안내문
标语和温馨提示

독해
- 각종 표어
- ○○대학 기숙사 안전공지
- 알려드립니다

맛있는 표현
1. 勿
2. 人人
3. 以防
4. 靠

표어와 안내문

중국 거리에서 쉽게 접할 수 있는 각종 표어와 안내문 등에 대해서 공부해 보겠습니다. 많은 사람들이 표어나 안내문을 대수롭지 않게 생각하지만, 잘못 해석할 경우에 벌금을 물거나 망신을 당할 수도 있고, 때에 따라서는 위험에 빠질 수도 있습니다. 표어는 공간적, 시각적 한계가 있기 때문에 몇 마디로 이루어진 짧은 문구와 간단한 그림으로 구성되어 있습니다. 그래서 함축적인 문장을 어떻게 이해하는지가 독해의 포인트라고 할 수 있습니다. 안내문에는 비교적 자세한 설명이 들어가는데, 주의사항 등에 자주 쓰이는 표현과 방식을 이해하면 독해하기가 한결 수월해집니다. 이번 과에서는 실생활에서 많이 쓰이는 표어와 안내문의 표현을 알아봅시다.

严禁吸烟
(흡연금지)

注意安全
(안전주의)

小心地滑
(미끄럼주의)

请勿靠近
(접근금지)

谢绝自带酒水
(술과 음료 휴대를 사절합니다)

请勿乱扔垃圾
(쓰레기를 함부로 버리지 마세요)

표어와 안내문 관련 표현 미리 맛보기

1 주의를 환기시키는 표현을 익힌다.

> 警告 jǐnggào 경고(하다) | 提示 tíshì 제기하다, 알리다 | 注意 zhùyì 주의(하다)
> 小心 xiǎoxīn 조심하다 | 谢绝 xièjué 사절하다 | 请勿~ qǐng wù~ ~하지 마시오

예 **请勿吸烟！** 흡연하지 마시오!

2 생략형 표현을 익힌다.

> 共创 → 共同创造 gòngtóng chuàngzào 함께 창조하다
> 环保 → 环境保护 huánjìng bǎohù 환경보호
> 节能 → 节省能源 jiéshěng néngyuán 에너지를 절약하다
> 严禁 → 严格禁止 yángé jìnzhǐ 엄격히 금지하다
> 离柜 → 离开柜台 líkāi guìtái 계산대를 떠나다

예 **严禁吸烟** 흡연을 엄격히 금지함

3 동사를 기준으로 표현을 익힌다.

> 紧抓 jǐn zhuā 꽉 붙잡다 (抓紧도 해석상 같은 의미이다)
> 外带 wài dài 밖에서 지니고 오다 (自带: 자신이 가지고 오다)
> 点清 diǎn qīng 분명히 세다
> 乱扔 luàn rēng 함부로 버리다
> 加收 jiā shōu 추가로 받다

예 **请勿乱扔垃圾。** 쓰레기를 함부로 버리지 마시오.

各种标语

请勿靠近车门！
请抓紧扶手！

欢迎光临！
钞票当面点清，离柜概不负责，谢谢合作！

谢绝自带酒水、食品，
如有外带加收服务费20元。

人人参与环保，共创文明社会！
请勿乱扔垃圾！让我们的家园更美好！

○○大学宿舍安全提示

1. 进入房间时，开、关房门动作要轻柔，相互关照；
2. 用洗手间时，注意安全，地滑小心摔倒；
3. 宿舍内严禁乱接电源，以防漏电伤人或引发火灾；
4. 请不要在室内吸烟，在室内吸烟者罚款500元；
5. 上下楼梯请靠右行，以防相互碰撞；
6. 在开关玻璃窗户时，动作要轻拉轻推，以防窗户损坏脱落砸伤他人；
7. 请按时❷接打开水，并小心以防烫伤；
8. 请住上铺的同学在上下床铺时注意安全，以防摔倒。

※ 为了宿舍美好的环境，请不要乱扔垃圾。

알아두면 유용한 상식

❶ 谢绝自带(휴대사절)
중국의 음식점이나 카페 등에서는 외부 음식물 반입을 금지하는 안내문을 자주 볼 수 있다. 만약 외부 음식물을 가지고 들어가면, 일부 서비스 비용을 추가로 내야 한다는 것을 알아두자.

❷ 接打开水(끓인 물을 받다)
한국인들이 대부분 냉수나 빙수를 마시는데 반해, 중국인들은 더운 날씨에도 뜨거운 물을 마시는 습관이 있다. 때문에 기숙사 등에서는 끓인 물을 공급하는데, 대부분 공급시간을 제한하고 있다.

맛있는 단어 Yummy Words

- 标语 biāoyǔ 〈명〉 표어
- 滑 huá 〈형〉 미끄럽다
- 勿 wù 〈부〉 ~하면 안 된다
- 靠近 kàojìn 〈동〉 기대다, 근접하다
- 扶手 fúshǒu 〈명〉 손잡이
- 钞票 chāopiào 〈명〉 현금(지폐)
- 当面 dāngmiàn 〈부〉 면전에서
- 概 gài 〈부〉 일절
- 参与 cānyù 〈동〉 참여하다
- 家园 jiāyuán 〈명〉 집, 마을, 고향
- 提示 tíshì 〈동〉 제기하다
- 轻柔 qīngróu 〈형〉 가볍고 부드럽다
- 相互 xiānghù 〈부〉 서로, 상호
- 关照 guānzhào 〈동〉 보살피다
- 摔倒 shuāidǎo 〈동〉 엎어져 넘어지다
- 以防 yǐfáng ~함으로써 ~를 방지하다
- 漏电 lòu diàn 〈동〉 누전되다
- 引发 yǐnfā 〈동〉 초래하다, 야기하다
- 火灾 huǒzāi 〈명〉 화재
- 罚款 fákuǎn 〈명〉 벌금 〈동〉 벌금을 물리다
- 楼梯 lóutī 〈명〉 계단
- 靠 kào 〈동〉 기대다, 다가가다, 근접하다
- 碰撞 pèngzhuàng 〈동〉 서로 부딪치다
- 玻璃 bōli 〈명〉 유리
- 拉 lā 〈동〉 잡아당기다
- 推 tuī 〈동〉 밀다
- 损坏 sǔnhuài 〈동〉 파손하다
- 脱落 tuōluò 〈동〉 떨어지다, 빠지다
- 砸伤 záshāng 〈동〉 맞아서 다치다
- 烫伤 tàngshāng 〈명〉 화상

체크체크

Q 보기에 주어진 단어를 이용해 빈칸을 채워 보세요.

| 보기 | 参与　　引发　　罚款　　损坏 |

1. 乱扔垃圾，（　　　）1,000元。
2. 老师也（　　　）我们的环保活动。
3. 你家漏水（　　　）了很大的问题。
4. 不要（　　　）公共用品。

본문 내용을 읽은 후, 아래 질문에 답해 보세요.

1. 如果在室内抽烟，会怎么样？

　　❶ 必须退宿舍　　❷ 罚款500元　　❸ 不会发生问题　　❹ 有人会打抽烟的学生

2. 为了宿舍美好的环境，不要做什么？

　　❶ 乱扔垃圾　　❷ 乱想　　❸ 相互关照　　❹ 打扫

3. 下面哪一个不是乱接电源时会发生的结果？

　　❶ 安全问题　　❷ 火灾　　❸ 水灾　　❹ 伤人

4. 为了防止窗户损坏脱落砸伤他人，要怎样做？

　　❶ 上下床铺时，要注意安全。

　　❷ 用洗手间时，要小心摔倒。

　　❸ 开关窗户时，动作要轻拉轻推。

　　❹ 接打开水时，要准时。

5. 请选出与上面不同的内容。

　　❶ 开、关房门时，要轻柔一点。

　　❷ 用洗手间或上下床铺时，要小心摔倒。

　　❸ 上下楼梯，要靠左行。

　　❹ 接打水的时候，要小心以防烫伤。

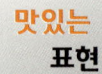

맛있는 표현
Y.u.m.m.y.E.x.p.r.e.s.s.i.o.n

1 勿

请勿靠近车门!
문에 기대지 마세요!

✚ 勿는 '~하지 마라'라는 뜻의 부사로 不要나 别와 비슷하며, 주로 문어체에 많이 쓰인다.

▷ 请勿攀爬。 ← 勿는 동사 앞에 위치한다.
(무엇을) 붙잡고 올라가지 마세요.

▷ 请勿转贴博客里的内容。

해석

 攀爬 pānpá 통 붙잡고 올라가다 | 转贴 zhuǎntiē 통 옮겨 붙이다 | 博客 bókè 명 블로그

2 人人

人人参与环保，共创文明社会!
모두 환경보호에 참여하여, 문명사회를 함께 이룩합시다!

✚ 人人과 같이 한 글자 명사를 두 번 반복하면 '~들마다', '모든 ~가'라는 뜻이 된다.

▷ 他天天喝酒，大家都担心他。 ← '날마다'라는 의미
그가 날마다 술을 마셔서, 사람들이 모두 그를 걱정한다.

▷ 家家都有电脑。 ← '집집마다'라는 의미
　　　　　　　　↖ 뒤에는 都가 자주 호응한다.

해석

3 以防

宿舍内严禁乱接电源，以防漏电伤人或引发火灾；

누전으로 인한 인명피해나 화재의 발생을 방지하기 위하여, 기숙사 내에서 함부로 전원을 연결하는 것을 엄금합니다.

- 以防은 以免과 비슷한 표현으로 'A以防B'의 형식으로 쓰여 'A를 함으로써 B를 방지하다'라는 뜻으로 쓰인다.

以防의 앞절에는 청유형(请)이나 금지형(别)이 나온다.

▷ **请**上下电梯时照顾好您的小孩，**以防**发生意外。

엘리베이터를 타고 내릴 때는 사고를 방지하기 위하여, 어린이를 잘 보살펴 주세요.

▷ **别**扔烟头，**以防**发生火灾。

해석

단어 烟头 yāntóu 몡 담배꽁초

4 靠

上下楼梯请靠右行，以防相互碰撞；

계단을 오르내릴 때에는 우측으로 통행하여, 서로 부딪치지 않도록 합시다.

- 靠는 '접근하다, 기대다'라는 뜻을 가진 동사이지만, 뒤에 장소가 나올 경우에는 '~에 가까운, ~쪽' 등으로 해석할 수 있다.

▷ 在香港，车要**靠**左行驶。 홍콩에서 차는 좌측으로 다녀야 합니다.

靠 뒤에 着를 붙여 쓸 수 있다.

▷ 他家**靠**着海边，风景很美丽。

해석

단어 行驶 xíngshǐ 동 통행하다, 달리다

해석 1. 블로그의 내용을 다른 곳으로 옮기지 마세요. 2. 집집마다 모두 컴퓨터가 있다.
3. 화재의 발생을 방지하기 위하여, 담배꽁초를 버리지 마세요. 4. 그의 집은 해변에서 가까워서, 풍경이 아주 아름답다.

TEST 2

Y.u.m.m.y.E.x.p.r.e.s.s.i.o.n

1. 단어를 배열하여 문장을 만들어 보세요.

❶ 블로그의 내용을 다른 곳으로 옮기지 마세요.

博客　勿　的　转贴　里　内容　请

➡ _____

❷ 그가 날마다 술을 마셔서, 사람들이 모두 그를 걱정한다.

他　天天　大家　酒　他　都　喝　担心

➡ _____

❸ 화재의 발생을 방지하기 위하여, 담배꽁초를 버리지 마세요.

烟头　别　火灾　扔　以防

➡ _____

❹ 홍콩에서 차는 좌측으로 다녀야 합니다.

靠　要　行驶　香港　车　在　左

➡ _____

❺ 그의 집은 해변에서 가까워서, 풍경이 아주 아름답다.

风景　家　靠　美丽　海边　很　着　他

➡ _____

2. 보기에 주어진 단어를 이용해 빈칸을 채워 보세요.

> 紧抓　滑　禁　勿　加收　谢绝　离柜

① 严_____吸烟

② 小心地_____

③ 请_____靠近车门！

④ 请_____扶手！

⑤ 钞票当面点清，_____概不负责，谢谢合作！

⑥ _____自带酒水、食品，如有外带_____服务费20元。

3. 우리말 문장에 맞도록 중국어로 쓰세요. 문장 확장 연습

① (당신의) 어린이를 보살피다.

→ _____

② (당신의) 어린이를 잘 보살펴 주세요.

→ _____

③ 엘리베이터에 타고 내릴 때는 (당신의) 어린이를 잘 보살펴 주세요.

→ _____

④ 엘리베이터에 타고 내릴 때는 사고를 방지하기 위하여, (당신의) 어린이를 잘 보살펴 주세요.

→ _____

温馨提示 (알려드립니다)

各位同学：

　　您一定注意到本馆大厅回声明显，轻微的声音都可能影响他人学习。让我们保持安静，讲究文明，共创理想的阅览环境。谢谢合作。

　　　　　　　　　　○○大学图书馆长　2011年 5月 10日

▼ 직접 해석해 보고, 모범 해석 확인 후 다시 읽어 보세요.

 大厅 dàtīng 명 홀, 로비 | 回声 huíshēng 명 메아리, 울림 | 明显 míngxiǎn 형 현저하다, 뚜렷하다 | 轻微 qīngwēi 형 작다 | 影响 yǐngxiǎng 동 영향을 끼치다 | 保持 bǎochí 동 유지하다 | 讲究 jiǎngjiu 동 중시하다 | 阅览 yuèlǎn 동 열람하다

7과 사람찾기 광고
寻人启事

독해
- 사람찾기 광고 1
- 小龙女는 왜 집을 나갔는가?
- 사람찾기 광고 2

맛있는 표현
1. 为
2. 与
3. 若
4. 此

사람찾기 광고

중국에서는 사람찾기 광고문나 게시물을 寻人启事라고 합니다. 寻人启事에는 외모, 신체적 특징, 성격 등을 나타내는 표현이 많기 때문에, 중국어를 공부하는 사람들에게는 좋은 자료가 될 수 있습니다. 이번 과에서는 외모 관련 표현에 유의하여 광고문을 공부해 보겠습니다.

寻人启事에는 신체적 특징과 사연, 연락처 등의 내용이 포함된다.

외모 관련 표현 미리 맛보기

1 헤어 스타일 표현

短发 duǎnfà 단발머리 | 长发 chángfà 장발머리 | 直发 zhífà 생머리 |
卷发 juǎnfà 곱슬머리 | 平头 píngtóu 스포츠머리 | 光头 guāngtóu 대머리

2 얼굴형 표현

圆脸 yuánliǎn 둥근 얼굴 | 方脸 fāngliǎn 각진 얼굴 | 鹅蛋脸 édànliǎn 계란형얼굴 |
瓜子脸 guāziliǎn 길쭉한 얼굴

3 얼굴 특징 표현

单眼皮 dānyǎnpí 홑꺼풀 | 双眼皮 shuāngyǎnpí 쌍꺼풀 | 大眼 dàyǎn 큰 눈 |
小眼 xiǎoyǎn 작은 눈 | 高鼻梁 gāo bíliáng 높은 콧등 | 低鼻梁 dī bíliáng 낮은 콧등 |
厚嘴唇 hòu zuǐchún 두꺼운 입술 | 薄嘴唇 báo zuǐchún 얇은 입술

4 신체 특징 표현

胖 pàng 뚱뚱하다 | 苗条 miáotiao 날씬하다 | 瘦 shòu 마르다 | 高大 gāodà 크고 건장하다 |
矮小 ǎixiǎo 왜소하다 | 红斑 hóngbān 붉은 반점 | 疤痕 bāhén 흉터

예 右脸上有较大的红斑。 오른쪽 얼굴에 비교적 큰 반점이 있다.

5 의복 관련 표현

条纹 tiáowén 줄무늬 | 花纹 huāwén 꽃무늬 | 点纹 diǎnwén 물방울무늬 |
斑纹 bānwén 얼룩무늬 | 波浪纹 bōlàngwén 파도무늬 | 斜条纹 xiétiáowén 빗살무늬 |
底 dǐ 바탕

예 白底蓝色条纹 흰색 바탕에 파란색 줄무늬

寻人启事

小龙女（女）
1993年8月出生，北京人。
身高1.65米，身材苗条。
❶瓜子脸，双眼皮，高鼻梁，
脖子上有块红斑。
性格内向，不爱说话。

2010年7月30日，为追❷刘德华离家出走。
离家的时候，身上穿有红底白色条纹的连衣裙。

如有知情者，请与龙先生联系。
家人愿意重金酬谢。

小龙女，你若见到此启事，请尽快与家人联系！家人都在焦急等待你！

联系电话：123-4567

小龙女为什么离家出走？

　　小龙女是一个普通的女孩子。她本来很孝顺父母，非常听父母的话。在学校，她虽然是一个内向，不爱说话的女孩子，但她喜欢帮助朋友，同学们都很喜欢她。有一天，她跟着一个同学参加了刘德华的北京演唱会，就改变了她的一切。从此她完全迷上了刘德华。有一天，父亲不让她去看演唱会，她就发脾气，偷了父亲的钱离家出走了。

알아두면 유용한 상식

❶ 瓜子脸 (길쭉한 얼굴)

중국인들은 대부분 미인형 얼굴을 말할 때, 瓜子脸이나 鹅蛋脸이라고 말한다. 瓜子는 해바라기씨나 수박씨(식용) 등 중국 사람들이 즐겨먹는 씨를 말하는데, 길쭉하고 뾰족한 모양이 미녀의 얼굴형과 같다고 하여 생긴 표현이다. 鹅蛋은 '거위 알'이라는 뜻으로, 鹅蛋脸은 계란형 얼굴에 해당한다.

❷ 刘德华 (리우더화)

刘德华는 중화권의 대스타로 80~90년대 한국에서도 인기가 많았던 영화배우 겸 가수이다. 50대의 나이에도 수많은 팬들의 사랑을 받고 있으며, 10대청소년들도 리우더화를 만나기 위해 가출하는 사건이 종종 뉴스를 장식하기도 한다.

맛있는 단어 Y.u.m.m.y.W.o.r.d.s

- 米 mǐ 양 미터(meter)
- 身材 shēncái 명 체격, 몸매
- 脖子 bózi 명 목
- 内向 nèixiàng 형 내성적이다
- 离家出走 lí jiā chū zǒu 가출하다
- 连衣裙 liányīqún 명 원피스
- 知情者 zhīqíngzhě 명 사정을 아는 사람
- 与 yǔ 전 ~에게, ~와
- 联系 liánxì 동 연락하다
- 重金 zhòngjīn 명 거금, 큰돈
- 酬谢 chóuxiè 동 사례하다
- 若 ruò 접 만약
- 此 cǐ 대 이
- 尽快 jǐnkuài 부 되도록 빨리
- 焦急 jiāojí 형 초조하다
- 等待 děngdài 동 기다리다
- 普通 pǔtōng 형 보통의
- 孝顺 xiàoshùn 동 효도하다
- 演唱会 yǎnchànghuì 명 콘서트
- 迷上 míshàng 동 빠져들다

체크체크

Q 보기에 주어진 단어를 이용해 빈칸을 채워 보세요.

보기 尽快 联系 焦急 内向

1. 他们在 (　　　) 地等待消息。
2. 他的性格很 (　　　), 不喜欢跟别人聊天。
3. 请 (　　　) 解决这个问题。
4. 有什么事情, 请跟我们 (　　　)。

본문 내용을 읽은 후, 아래 질문에 답해 보세요.

1. 她身上有什么特征？

① 脖子上有红斑　② 单眼皮　③ 短发　④ 低鼻梁

2. 小龙女的脸型是哪种？

① 鹅蛋脸　② 瓜子脸　③ 方脸　④ 圆脸

3. 小龙女离家的时候穿着怎样的衣服？

① 白低红色斑纹的连衣裙

② 红底白色条纹的连衣裙

③ 绿低棕色条纹的长裙

④ 蓝底白色点纹的长裙

4. 如果知情者跟他们联系，他们会怎么样？

① 不高兴　　　　　　　② 跟知情者要钱

③ 打小龙女　　　　　　④ 重金酬谢

5. 请选出与上面不同的内容。

① 小龙女是北京人。

② 小龙女的家人都在等待她。

③ 小龙女性格外向，爱说话。

④ 小龙女为跟刘德华见面离家出走。

맛있는 표현
Y.u.m.m.y.E.x.p.r.e.s.s.i.o.n

1 为

2010年7月30日，为追刘德华离家出走。

2010년 7월 30일, 리우더화를 쫓기 위해 집을 나갔다.

+ 为는 전치사로 '~를 위해서'라는 뜻 외에 '~때문에'라는 뜻이 있으며, 본문에서는 '~때문에'로 쓰였다.

▷ 她正为痘痘烦恼。 *(앞에 '지금 ~하다'라는 뜻의 正을 넣을 수 있다.)*

　그녀는 지금 여드름 때문에 고민하고 있다.

▷ 他们都为这件事高兴。

　해석

 痘痘 dòudòu 명 여드름 | 烦恼 fánnǎo 명 고민, 번뇌

2 与

如有知情者，请与龙先生联系。

만약 알고 계신 분이 있다면, 龙 선생에게 연락해 주시기 바랍니다.

+ 与는 '~와, ~에게'라는 뜻의 전치사로 跟과 용법이 비슷하고, 주로 문어체에 많이 쓰인다.

▷ 我与这件事无关。 *('~와'라는 뜻)*

　나는 이 일과 무관하다.

▷ 到北京后，与我联系。 *('~에게'라는 뜻)*

　해석

3 若

> 小龙女，你若见到此启事，请尽快与家人联系！
>
> 小龙女, 네가 만약 이 글을 본다면, 가능한 빨리 가족들에게 연락해줘!

+ 若는 '만약 ~한다면'이라는 뜻의 접속사로 如果와 용법이 비슷하고, 주로 문어체에 많이 쓰인다.

▷ 天若有情，会让你们再会。
  하늘이 무심치 않다면, 당신들을 다시 만나게 해줄 거예요.

  뒤에 추측을 나타내는 숲가 잘 쓰인다.

▷ 若错过这次机会，你一定会后悔的。

해석

단어 错过 cuòguò 동 놓치다 | 后悔 hòuhuǐ 동 후회하다

4 此

> 小龙女，你若见到此启事，请尽快与家人联系！
>
> 小龙女, 네가 만약 이 글을 본다면, 가능한 빨리 가족들에게 연락해줘!

+ 此는 '이, 여기'라는 뜻의 대명사로 这와 용법이 비슷하고, 주로 문어체에 많이 쓰인다.

▷ 从此以后，你别再喝酒了。
  이 이후로는 당신 다시는 술 마시지 마세요.

▷ 除此以外，你们还要注意一件事。

해석

단어 注意 zhùyì 동 주의하다, 조심하다

해석
1. 그들은 모두 이 일로 인해 기뻐한다. 2. 베이징에 도착한 후에 저에게 연락하세요.
3. 이번 기회를 놓친다면, 당신 분명히 후회할 거요. 4. 이것 말고도 너희들은 한 가지를 더 주의해야 한다.

TEST 2

Y.u.m.m.y.E.x.p.r.e.s.s.i.o.n

1. 단어를 배열하여 문장을 만들어 보세요.

❶ 그들은 모두 이 일로 인해 기뻐한다.
　　这件事　为　高兴　都　他们

➡ _____

❷ 나는 이 일과 무관하다.
　　与　无关　我　这件事

➡ _____

❸ 이번 기회를 놓친다면, 당신 분명히 후회할 거요.
　　机会　这次　错过　若　一定　你　后悔　会　的

➡ _____

❹ 하늘이 무심치 않다면, 당신들을 다시 만나게 해줄 거예요.
　　你们　情　若　让　会　再会　有　天

➡ _____

❺ 이 이후로는 당신 다시는 술 마시지 마세요.
　　再　此　从　了　你　别　喝　以后　酒

➡ _____

2. 다음 주어진 단어들을 사용하여 사람찾기 공고문에 들어갈 내용을 만들어 보세요.

헤어 스타일:	얼굴형:	얼굴 특징:	신체 특징:	의복 관련:
短发	圆脸	双眼皮	苗条	条纹
长发	方脸	大眼	高大	花纹
直发	鹅蛋脸	高鼻梁	红斑	点纹
卷发	瓜子脸	厚嘴唇	疤痕	斑纹

❶ 단발머리, 각진 얼굴, 두꺼운 입술에 체격이 크고, 얼굴에 상처가 있으며, 파란 바탕에 흰색 줄무늬가 있는 옷을 입었음.

→ _____

❷ 곱슬머리, 계란형 얼굴, 콧등이 높고, 비교적 날씬하며, 흰색 바탕에 분홍색 꽃무늬가 있는 옷을 입었음.

→ _____

3. 우리말 문장에 맞도록 중국어로 쓰세요. <mark>문장 확장 연습</mark>

❶ 너희들은 주의해야 한다.

→ _____

❷ 너희들은 한 가지를 주의해야 한다.

→ _____

❸ 너희들은 한 가지를 더 주의해야 한다.

→ _____

❹ 이것 말고도 너희들은 한 가지를 더 주의해야 한다.

→ _____

寻人启事 (사람찾기 광고)

杨过（男）
1991年2月出生，上海人。
身高1.8米，身材高大，长方脸。
十岁时受过伤，右脸上有3厘米左右的疤痕。
性格外向，喜欢跟别人打交道。

2010年高考以后，为成绩烦恼离家出走。

如有知情者，请与杨先生联系。家人愿意重金酬谢。

杨过，你若见到此启事，请尽快与家人联系。家人都在焦急等待你！

联系电话：234-5678

▼ 직접 해석해 보고, 모범 해석 확인 후 다시 읽어 보세요.

受伤 shòushāng 통 다치다 | 厘米 límǐ 양 센티미터 | 外向 wàixiàng 형 외향적이다 |
打交道 dǎ jiāodao 통 교제하다 | 高考 gāokǎo 명 중국의 대학 입학시험(高等学校招生考试) |
烦恼 fánnǎo 통 고민하다

8과 물건찾기 광고
寻物启事

독해
- 물건찾기 광고(노트북)
- 분실물 습득 광고
- 물건찾기 광고(금목걸이)

맛있는 표현
1. 将
2. 着 (존현문)
3. 或
4. 必定

물건찾기 광고

중국의 기숙사 게시판이나 아파트 엘리베이터 등 많은 사람들이 드나드는 곳에서 물건을 찾는 광고문을 쉽게 발견할 수 있습니다. 물건찾기 광고는 寻物启事라고 하는데, 앞에서 배운 寻人启事(사람찾기 광고)와 비슷한 형식이지만, 사물을 묘사하거나 특징을 나타내는 표현을 유의해야 합니다. 이번 과에서는 사물을 나타내는 표현에 유의하면서 분실물·습득물 관련 광고문을 알아봅시다.

寻狗启示(강아지를 찾습니다)
잃어버린 강아지를 찾을 때는 寻狗启示, 고양이를 찾을 때는 寻猫启示라고 한다.

8과 물건찾기 광고
寻物启事

독해
- 물건찾기 광고(노트북)
- 분실물 습득 광고
- 물건찾기 광고(금목걸이)

맛있는 표현
1. 将
2. 着 (존현문)
3. 或
4. 必定

물건찾기 광고

중국의 기숙사 게시판이나 아파트 엘리베이터 등 많은 사람들이 드나드는 곳에서 물건을 찾는 광고문을 쉽게 발견할 수 있습니다. 물건찾기 광고는 寻物启事라고 하는데, 앞에서 배운 寻人启事(사람찾기 광고)와 비슷한 형식이지만, 사물을 묘사하거나 특징을 나타내는 표현을 유의해야 합니다. 이번 과에서는 사물을 나타내는 표현에 유의하면서 분실물·습득물 관련 광고문을 알아봅시다.

寻狗启示(강아지를 찾습니다)
잃어버린 강아지를 찾을 때는 寻狗启示,
고양이를 찾을 때는 寻猫启示라고 한다.

사물을 묘사하는 표현 미리 맛보기

1 색깔 표현

> 深 shēn 짙은 | 浅 qiǎn 옅은 | 淡 dàn 묽은 | 暗 àn 어두운 | 亮 liàng 밝은

예 深红色 짙은 빨간색 | 浅蓝色 옅은 파란색 | 淡黄色 담황색

2 사물의 형태 표현

> 薄 báo 얇다 | 厚 hòu 두껍다 | 长 cháng 길다 | 短 duǎn 짧다 | 细 xì 가늘다 | 粗 cū 굵다

예 比较粗 비교적 굵다 | 有点儿厚 약간 두껍다

3 사물의 특징 표현

> 印着 yìn zhe 인쇄되어 있다 | 夹着 jiā zhe 끼워져 있다 | 挂着 guà zhe 걸려 있다 |
> 写着 xiě zhe 쓰여져 있다 | 贴着 tiē zhe 붙어 있다

예 门上贴着一张便条。 문에 쪽지가 한 장 붙어 있다.

4 사물에 담긴 사연을 나타낼 때 쓰는 표현

> 送给 sòng gěi 선물로 주다 | 留给 liú gěi 남겨 주다 | 借给 jiè gěi 빌려 주다 |
> 亲手 qīnshǒu 손수 | 亲自 qīnzì 직접

예 这是爷爷留给我的书。 이건 할아버지께서 나에게 물려 주신 책이다.

寻物启事

五月三日（星期五）下午四点半，我在学校图书馆阅览室查资料时，不慎将浅红色的❶手提电脑包丢失。里面有超薄的黑色手提电脑，上面印着三星❷商标，是我父亲出差时亲自从韩国买回来的。里面还贴着一张便条。由于我一直用这台电脑写毕业论文，若找不到，就不能交毕业论文，现十分着急。请发现或拾到的同学与我联系。必定酬谢。

联系电话：888-8080

 08

招领启事

学校教务处代为保管几件物品，丢失以下物品的同学请到办公楼405室取回自己的物品。

  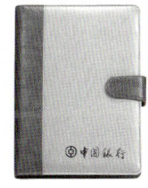

1. 棕色书包（里面有一本哲学书，一本小说）
2. 笔记本电脑（上面印着三星商标）
3. 淡黄色的记事本（里面夹着一张照片）

※ 须带自己的身份证或学生证。

알아두면 유용한 상식

❶ 手提电脑(노트북)
手提는 '손으로 들다'라는 뜻으로 手提电脑는 손에 들고 다니는 컴퓨터, 즉 노트북컴퓨터라는 뜻이다. 노트북을 다른 말로 笔记本电脑라고도 하는데, 笔记本은 필기노트라는 뜻이다. 중국어에서는 개인의 언어추향에따라 사용하는 어휘가 다를 수 있다.

❷ 商标(상표, 로고)
商标는 '상표'라는 뜻인데, 우리가 잘 사용하는 외래어인 '로고'로 번역할 수도 있다.

맛있는 단어 Y.u.m.m.y.W.o.r.d.s

- 阅览室 yuèlǎnshì 명 열람실
- 查 chá 동 찾다, 조사하다
- 资料 zīliào 명 자료
- 不慎 bú shèn 동 부주의하다
- 将 jiāng 전 ~을(把와 같은 의미)
- 丢失 diūshī 동 잃어버리다
- 商标 shāngbiāo 명 상표, 로고
- 出差 chūchāi 동 출장 가다
- 便条 biàntiáo 명 쪽지(포스트-잇)
- 由于 yóuyú 접 ~이기 때문에
- 论文 lùnwén 명 논문
- 交 jiāo 동 제출하다
- 十分 shífēn 부 대단히
- 拾到 shídào 동 습득하다
- 必定 bìdìng 부 반드시, 기필코
- 酬谢 chóuxiè 동 사례하다
- 招领 zhāolǐng 동 찾아가도록 부르다
- 教务处 jiàowùchù 명 교무처
- 代为 dàiwéi 동 대신하다
- 保管 bǎoguǎn 동 보관하다
- 取回 qǔ huí 동 찾아서 돌아가다
- 哲学 zhéxué 명 철학
- 记事本 jìshìběn 명 다이어리

체크체크

Q 보기에 주어진 단어를 이용해 빈칸을 채워 보세요.

| 보기 | 十分　查　丢失　拾到　不慎 |

1. 如果（　　　）别人的东西, 请交给教务处。
2. 明天有毕业考试, 学生们都（　　　）紧张。
3. 请让我（　　　）一下资料。
4. 我（　　　）将新的手机（　　　）了。

본문 내용을 읽은 후, 아래 질문에 답해 보세요.

1. 他丢的手提电脑包是什么颜色的？

① 黑色　　② 淡黄色　　③ 深蓝色　　④ 浅红色

2. 他做什么的时候丢了手提电脑包？

① 吃饭时　　② 逛商店时　　③ 查资料时　　④ 睡觉时

3. 他的手提电脑有什么特征？

① 超厚

② 灰色

③ 上面印着商标

④ 外面贴着一张便条

4. 如果他找不到手提电脑，会怎么样？

① 老师会骂他　　　　　② 不能交毕业论文

③ 要买新的　　　　　　④ 没关系

5. 请选出与上面不同的内容。

① 他的手提电脑是父亲从韩国买回来的。

② 他现在非常着急。

③ 他不小心把自己的电脑丢失了。

④ 他一直用这台电脑写日记。

맛있는 표현 Y.u.m.m.y.E.x.p.r.e.s.s.i.o.n

1 将

> …，不慎**将**浅红色的手提电脑包丢失。
>
> …, 부주의하여 옅은 빨간색의 노트북 가방을 분실했습니다.

➕ 将은 把처럼 목적어를 동사 앞에 놓고 어떻게 처치했는지 강조할 때 쓰는 전치사이다.
　把나 将을 사용한 처치문에서는 동사 뒤에 처치한 결과를 나타내는 부가설명이 있어야 한다.

　　　　　　　　　　　　　동사 뒤에 기타성분이 들어간다.
▷ 你**将**内容解释**一下**。

　　당신이 내용을 좀 해석해 보세요.

　　　　　　不나 没는 将 앞에 놓인다.
▷ 他**没将**资料交给我。

해석

🗨 单어　解释 jiěshì 통 해석하다 | 资料 zīliào 명 자료

2 着 (존현문)

> 里面有超薄的黑色手提电脑，上面印**着**三星商标，…
>
> 안에는 초박형의 검은색 노트북이 있는데, 위에 삼성 로고가 인쇄되어 있고, …

➕ 어떤 장소에 '(사람이나 사물이) 있다'는 표현을 할 때 有를 가지고 표현할 수도 있지만, 동사 뒤에 了나 着, 보어 등을 넣어서 어떻게 그 장소에 나타났는지, 어떤 형태로 있는지 등을 자세히 표현할 수도 있다. 이렇게 표현한 문장을 '존현문'이라고 하며, [장소+동사+(了/着/보어)+목적어]의 형태로 나타낸다.

　　　　　　불특정 목적어
▷ 楼下来**了一个人**。 아래층에 사람이 한 명 왔다.

▷ 桌子上放**着**一本书。 책상 위에 책이 한 권 놓여져 있다.

　　　　　　보어
▷ 车里坐**满**了学生。

해석

3 或

请发现**或**拾到的同学与我联系。

발견했거나 습득한 학우는 저에게 연락해 주세요.

+ 或는 접속사로 [A或B]의 형태로 쓰이며, 'A 또는 B'라는 의미가 된다. 还是와 다른 점은 还是는 주로 의문문에서 쓰이는 반면 或는 평서문에서 많이 쓰인다.

▷ 你问老师**或**同学**都**可以。 [A或B, 都~]: 'A 또는 B 모두 ~'

너는 선생님이나 학우들에게 모두 물어 봐도 돼.

▷ 他明天**或者**后天会到学校报名的。 或者로 쓸 수도 있다.

해석

단어　报名 bàomíng 통 신청하다, 등록하다

4 必定

必定酬谢。

반드시 사례하겠습니다.

+ 必定은 '반드시'라는 뜻의 부사로 一定과 비슷한 의미이다.

▷ 考试之前，他**必定要**熬夜。 必定 뒤에 要가 자주 호응

시험 전에 그는 반드시 밤을 새울 것이다.

▷ 他这么努力学习，**必定会**考上好大学的。 必定 뒤에 会가 자주 호응

해석 1. 그는 자료를 저에게 넘겨 주지 않았습니다. 2. 차 안이 학생들로 꽉 찼다.
3. 그는 내일이나 모레 학교에 신청하러 갈 것이다. 4. 그는 이렇게 열심히 공부하니까, 분명 좋은 대학에 들어갈 겁니다.

TEST 2

Y.u.m.m.y.E.x.p.r.e.s.s.i.o.n

1. 단어를 배열하여 문장을 만들어 보세요.

❶ 그는 내일이나 모레 학교에 신청하러 갈 것이다.

或者   报名的   会   后天   他   学校   明天   到

→ _____

❷ 그는 자료를 저에게 넘겨 주지 않았습니다.

他   交   将   给   我   没   资料

→ _____

❸ 책상 위에 책이 한 권 놓여져 있다.

书   桌子   着   一本   上   放

→ _____

❹ 그는 이렇게 열심히 공부하니까, 분명 좋은 대학에 들어갈 겁니다.

学习   会   他   必定   的   大学   考上   努力   好   这么

→ _____

❺ 너는 선생님이나 학우들에게 모두 물어 봐도 돼.

同学   你   或   都   问   老师   可以

→ _____

2. 다음 주어진 단어들을 사용하여 물건찾기 광고문에 들어갈 내용을 만들어 보세요.

색깔:	형태:	특징:	사연:
深 浅 淡	薄 厚 长 短 细 粗	印着 夹着 写着 贴着 挂着	送给 留给 借给

❶ 짙은 남색, 가늘고 긴 볼펜, 위에 이름이 붙어 있음,
생일 때 친구가 나한테 선물로 준 것임.

→ _____

❷ 위에 짙은 붉은 색의 보석(宝石 bǎoshí)이 걸려 있는 목걸이(项链 xiàngliàn),
할머니께서 나에게 물려주신 것임.

→ _____

3. 우리말 문장에 맞도록 중국어로 쓰세요. 문장 확장 연습

❶ 그는 학교에 신청하러 간다.

→ _____

❷ 그는 학교에 신청하러 갈 것이다.

→ _____

❸ 그는 내일 학교에 신청하러 갈 것이다.

→ _____

❹ 그는 내일이나 모레 학교에 신청하러 갈 것이다.

→ _____

8 寻物启事

寻物启事 (물건찾기 광고)

六月一日校庆节下午五点左右，
我在操场与同学们踢球时，
不慎将我的金项链丢失。
上面挂着深红色的宝石，
宝石上面写着我奶奶的名字。是我奶奶去世的时候留给我的，因此这条项链对我很重要。
请发现或拾到的同学与我联系。一定会酬谢。
联系电话：887-8787

▼ 직접 해석해 보고, 모범 해석 확인 후 다시 읽어 보세요.

校庆节 xiàoqìngjié 명 개교기념일, 학교축제 | 操场 cāochǎng 명 운동장 |
项链 xiàngliàn 명 목걸이 | 去世 qùshì 동 돌아가시다 | 宝石 bǎoshí 명 보석

9과 채용광고
招聘启事

독해
- 채용(○○인터넷주식회사)
- 회사소개
- 모집(쇼핑도우미)

맛있는 표현
1. 只要
2. 免费
3. 及
4. 之

채용광고

    채용광고를 읽을 때는 우선 기업이 원하는 인재상과 자격조건을 상세하게 파악해야 합니다. 대부분은 학력, 경력, 업무능력, 연령, 성별, 신체조건 등이 주를 이루는데, 이런 표현들을 기본적으로 알아야 정확하게 채용광고를 파악할 수 있습니다. 또한 채용 후에는 연봉 및 복지 등 근로조건에 관한 표현도 함께 알아야겠죠! 이번 과에서는 채용광고 관련 표현에 유의하면서 채용광고문을 알아봅시다.

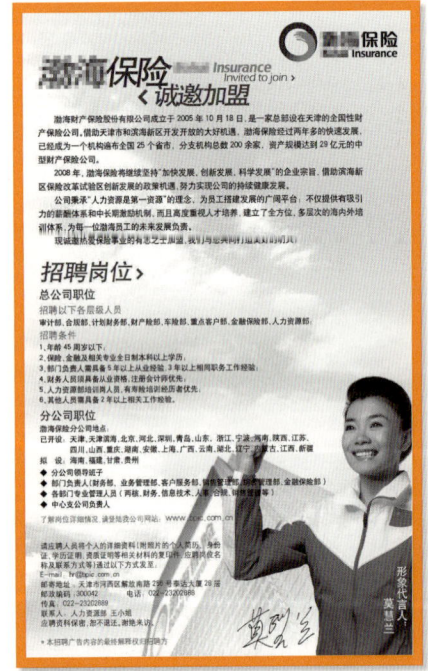

招聘启事(채용광고)

人才博览会(인재박람회)

채용광고 관련 미리 맛보기

1 채용부문 표현

行政 xíngzhèng 행정 | 财务 cáiwù 재무 | 营销 yíngxiāo 영업 |
人力资源 rénlì zīyuán 인사 | 服务 fúwù 서비스 | 技术 jìshù 기술 | ～部门 ~bùmén ~부문

2 학력 표현

高中 gāozhōng 고등학교 | 大专 dàzhuān 전문대 | 大学 dàxué 대학 | 本科 běnkē 본과 |
硕士 shuòshì 석사 | 博士 bóshì 박사 | ~以上的学历 ~yǐshàng de xuélì ~ 이상의 학력

예 大专以上的学历 전문대 이상의 학력

3 업무능력 표현

沟通能力 gōutōng nénglì 소통능력 | 表达能力 biǎodá nénglì 표현능력 |
语言能力 yǔyán nénglì 언어능력 | 协调能力 xiétiáo nénglì 협조능력 |
工作经验 gōngzuò jīngyàn 업무경험 |
具备～能力(经验) jùbèi ~ nénglì(jīngyàn) ~능력(경험)을 갖추다

예 具备三年以上的工作经验 3년 이상의 업무경험을 갖추다

4 제한사항 표현

本地人 běndìrén 현지인 | 年龄 niánlíng 연령 | 周岁 zhōusuì 만 나이 | 限 xiàn 제한하다

예 限上海本地人 상하이 현지인에 한함 | 男女不限 남녀 제한 없음

5 신체조건 표현

五官端正 wǔguān duānzhèng 용모가 단정하다 | 气质佳 qìzhì jiā 분위기가 우아하다 |
形象佳 xíngxiàng jiā 이미지가 아름답다, 인상이 좋다 | 身高～米 shēngāo ~ mǐ 신장 ~미터

예 身高1.7米以上 신장 1m70cm 이상

招 聘

只要有能力就有舞台！
展现你自己的舞台！

○○网络有限公司现招聘以下人员。

营销部门 2名

要求
1. 计算机系或经济系本科以上的学历
2. 具备IT行业两年以上的销售经验
3. 具备较强的沟通能力
4. 限男性，25岁以上

待遇
工资：底薪 2,000元
　　　免费提供宿舍

总经理助理1名

要求
1. 美国大学计算机本科或以上学历
2. 具备IT行业五年以上的工作经验
3. 具备较强的英文口语及书面表达能力
4. 限男性，28-32岁

待遇
工资：底薪 4,000元

联系电话：123-4567

公司简介

　　○○网络有限公司是中国最主要的互联网内容供货商之一，现时，经营5个综合门户网站，包括太平洋电脑网、腾讯新闻网、大胜游戏网、天娱娱乐网及九龙电影网，分别提供不同行业的相关专业信息。2010年5月，太平洋电脑网有超过4,000万名独立用户，而页面浏览量约为6亿次。

알아두면 유용한 상식

❶ **总经理助理**(사장 비서)
总经理는 '사장', 助理는 '조수, 보조'라는 뜻으로, 우리말로 '사장 보조'라고 하면 이해가 잘 안 될 수 있다. 总经理助理는 사장비서와 비슷한 개념이지만, 회사 전체의 사정을 이해하고 관리에 참여하는 보다 높은 개념의 비서라고 말할 수 있다.

❷ **28-(到)32岁** (28-32세)
범위를 나타낼때 기호 '-'나 '~'는 到를 사용해서 읽는다. 본문에서는 28到32岁로 읽을 수 있다.

맛있는 단어 Y.u.m.m.y.W.o.r.d.s

- 只要 zhǐyào [접] 오직 ~하기만 하면
- 舞台 wǔtái [명] 무대
- 展现 zhǎnxiàn [동] 펼치다
- 主要 zhǔyào [형] 주요하다
- 从事 cóngshì [동] 종사하다
- 产品 chǎnpǐn [명] 생산품
- 要求 yāoqiú [명] 요구(사항)
- 计算机 jìsuànjī [명] 컴퓨터
- 行业 hángyè [명] 업계, 업무분야
- 待遇 dàiyù [명] 대우
- 工资 gōngzī [명] 임금, 월급
- 底薪 dǐxīn [명] 기본급
- 免费 miǎnfèi [동] 무료로 하다
- 提供 tígōng [동] 제공하다
- 助理 zhùlǐ [명] 보조, 조수

- 表达 biǎodá [동] 표현하다
- 互联网 hùliánwǎng [명] 인터넷
- 内容 nèiróng [명] 내용, 컨텐츠
- 供货商 gōnghuòshāng [명] 공급업체
- 经营 jīngyíng [명] 경영하다
- 综合 zōnghé [동] 종합하다
- 门户 ménhù [명] 포털
- 包括 bāokuò [동] 포함하다
- 行业 hángyè [명] 업계
- 相关 xiāngguān [동] 관련되다
- 专业 zhuānyè [명] 전문
- 信息 xìnxī [명] 정보
- 用户 yònghù [명] 고객
- 页面 yèmiàn [명] 웹 페이지
- 浏览 liúlǎn [동] 검색하다, 웹브라우징 하다

체크 체크

Q 보기에 주어진 단어를 이용해 빈칸을 채워 보세요.

| 보기 | 从事 | 提供 | 行业 | 表达 | 展现 |

1. 他在这次比赛中（　　　）了自己的实力。
2. 我真不知道怎样向你（　　　）我的心情。
3. 学校为我们（　　　）了比较好的宿舍。
4. 他一直（　　　）旅游（　　　）。

본문 내용을 읽은 후, 아래 질문에 답해 보세요.

1. 这家公司要招聘几个人？

❶ 一个　　❷ 两个　　❸ 三个　　❹ 四个

2. 营销部门招聘的条件是什么？

❶ 男女不限　　❷ 28-32岁　　❸ 硕士以上学历　　❹ 较强的沟通能力

3. 下面哪一个不是有关XX公司的介绍？

❶ 经营5个综合门户网站

❷ 中国主要的互联网内容供货商之一

❸ 提供同一个行业的专业信息

❹ 太平洋电脑网有超过4000万名独立用户

4. 总经理助理的待遇怎么样？

❶ 免费提供宿舍　　❷ 底薪2000元　　❸ 免费提供电脑　　❹ 底薪4000元

5. 请选出与上面不同的内容。

❶ 营销部门要求具备两年以上的工作经验。

❷ 总经理助理要具备五年以上的工作经验。

❸ 营销部门要求美国的大学本科以上的学历。

❹ 总经理助理要具备较强的英语表达能力。

맛있는 표현 Yummy Expression

1 只要

> 只要有能力就有舞台！
> 능력만 있다면 무대가 있습니다!

+ 只要는 조건을 나타내는 접속사로, 뒤에 就가 자주 호응하며, '只要~, 就'는 '~하기만 하면 바로 ~할 것이다'라는 뜻으로 해석할 수 있다.

▷ 只要努力学习，就能考上大学。
  只要와 호응관계

  열심히 공부하기만 하면, 대학에 갈 수 있어.

▷ 只要明天天气好，我们就出去玩儿吧。
  就는 주어 뒤에 위치

 해석

2 免费

> 免费提供宿舍
> 기숙사 무료제공

+ 免费는 '비용을 면제하다'라는 뜻의 동사이지만, 다른 동사 앞에 놓이면 '무료로, 공짜로'라는 뜻으로 쓰인다.

▷ 买一件衬衫，免费赠送一条领带。
  '免费+赠送'과 '免费+提供'은 자주 호응하는 어휘이다.

  와이셔츠를 한 벌 사면, 넥타이를 공짜로 드립니다.

▷ 我们餐厅免费提供饮料。

 해석

단어 赠送 zèngsòng 동 증정하다 | 饮料 yǐnliào 명 음료

3 及

具备较强的英文口语及书面表达能力

비교적 뛰어난 영어회화 능력 및 문서표현 능력

+ 及는 '~와, ~ 및'이라는 뜻의 접속사로 주로 명사를 연결할 때 쓰인다.

▷ 公司为我提供宿舍及汽车。

회사는 나에게 기숙사 및 차를 제공한다.

▷ 请告诉我时间、地点及联系号码。

3개 이상 나열할 때, 及는 가장 뒤에 위치한다.

해석

단어 地点 dìdiǎn 명 장소, 위치

4 之

○○网络有限公司是中国最主要的互联网内容供货商之一, …

○○ 인터넷주식회사는 중국에서 가장 주요한 인터넷 컨텐츠 공급업체 중의 하나이며, …

+ 之는 '~의, ~한'이라는 뜻으로 的와 비슷한 표현이다. 之는 주로 문어체에서 쓰인다.

앞에 명사가 오면 之는 '~의'라는 뜻

▷ 泰山是五岳之首。

태산은 오악(5대 명산)의 으뜸이다.

앞에 서술어나 구절이 오면 之는 '~한'의 뜻

▷ 世界上没有无用之人。

해석

단어 泰山 Tàishān 고유 타이산(태산, 오악의 하나로 산둥성에 있음) | 五岳 Wǔyuè 고유 5대 명산의 통칭

해석 1. 내일 날씨만 좋으면, 우리 나가서 놀자. 2. 우리 식당은 음료를 무료로 제공합니다.
3. 저에게 시간과 장소 및 연락번호를 알려 주세요. 4. 세상에 쓸모 없는 사람은 없다.

TEST 2

Y.u.m.m.y.E.x.p.r.e.s.s.i.o.n

1. 단어를 배열하여 문장을 만들어 보세요.

❶ 열심히 공부하기만 하면, 대학에 갈 수 있어.

考上   努力   只要   就   大学   学习   能

→ _____

❷ 회사는 나에게 기숙사 및 차를 제공한다.

宿舍   公司   为   汽车   我   及   提供

→ _____

❸ 우리 식당은 음료를 무료로 제공합니다.

餐厅   饮料   提供   免费   我们

→ _____

❹ 저에게 시간과 장소 및 연락번호를 알려 주세요.

地点   请   及   我   时间   告诉   联系号码

→ _____

❺ 세상에 쓸모 없는 사람은 없다.

没有   世界   无用   之   人   上

→ _____

2. 다음 주어진 단어들을 사용하여 채용광고에 들어갈 내용을 만들어 보세요.

채용부문:	학력:	업무능력:	제한사항:	신체조건:
行政部门	高中	沟通能力	限	五官端正
财务部门	大专	表达能力	本地人	气质佳
营销部门	本科	语言能力	年龄	形象佳
服务部门	硕士	协调能力	周岁	身高~米
技术部门	博士	工作经验		

❶ 재무부서: 전문대 이상 학력, 3년 이상의 재무분야 업무경험을 구비해야 함. 소통능력 및 협조능력을 구비해야 하며, 베이징 현지인에 한함.

➜ _____

❷ 서비스부서: 고졸 이상 학력, 용모가 단정하고 키 160cm 이상. 만20세 이상에 한함.

➜ _____

3. 우리말 문장에 맞도록 중국어로 쓰세요. 문장 확장 연습

❶ 우리 나가자.

➜ _____

❷ 우리 나가서 놀자.

➜ _____

❸ 내일 날씨가 좋으면, 우리 나가서 놀자.

➜ _____

❹ 내일 날씨만 좋으면, 우리 나가서 놀자.

➜ _____

招聘 (모집)

导购员 (쇼핑도우미)

要求

1. 高中以上的学历
2. 五官端正，形象佳
3. 具备服装销售一年以上的经验
4. 限女性，30周岁以下

待遇

免费提供午餐
工资：底薪1,000元

联系电话：878-5656

▼ 직접 해석해 보고, 모범 해석 확인 후 다시 읽어 보세요.

단어 导购员 dǎogòuyuán 명 쇼핑도우미 | 服装 fúzhuāng 명 복장, 의류 | 销售 xiāoshòu 동 판매하다 | 午餐 wǔcān 명 점심식사

10과 쇼핑광고
购物广告

독해
- 쇼핑광고 1
- 太平회원카드 소개
- 쇼핑광고 2

맛있는 표현
1. 购物(이합동사)
2. 即
3. 当天
4. 出

쇼핑광고

백화점이나 대형 할인매장의 쇼핑광고는 상품의 할인과 혜택 등의 내용을 담고 있습니다. 쇼핑광고의 목적은 고객이 상품을 구매하는 데 있기 때문에, 짧고 강한 선전문구를 통해 대략 어떤 내용의 광고인지 짐작할 수 있게 합니다. 하지만, 쇼핑광고의 문구는 의미를 축약한 단어를 많이 사용하기 때문에 내용이 생소하게 느껴질 수도 있을 것입니다. 이번 과에서는 광고 관련 표현에 유의하면서 쇼핑광고에 대해 알아봅시다.

백화점 개점행사 광고

开业期间前6天，购满100元送高级棉袜一双，
购满200元送皮带一条和会员卡一张。

(개점 후 6일 동안, 100위엔 이상 구입하는 고객에게 고급 면양말 한 켤레, 200위엔 이상 구입하는 고객에게 가죽 벨트와 회원카드를 드립니다.)

백화점 여름세일 광고

쇼핑광고 관련 미리 맛보기

1 할인 관련 표현

特价 tèjià 특가 | 大减价 dà jiǎnjià 대 할인 | 半价 bànjià 반값 | 折扣 zhékòu 할인 |
(打)七折 (dǎ) qī zhé 30% 할인

2 증정품 관련 표현

买一送一 mǎi yī sòng yī 원 플러스 원 |
买300送100 mǎi 300 sòng 100 300위엔 구매당 100위엔 증정 |
满100减20 mǎn 100 jiǎn 20 100위엔 구매 시 20위엔 할인 |
消费券 xiāofèi quàn 상품권 | 现金券 xiànjīn quàn 상품권 |
购物券 gòuwù quàn 구매권(상품권)

3 행사기간 관련 표현

夏季特卖会 xiàjì tèmàihuì 여름 특별세일 |
儿童节特卖会 értóngjié tèmàihuì 어린이날 특별세일 | 精彩假日 jīngcǎi jiàrì 근사한 휴가 |
七天乐 qī tiān lè 7일간의 즐거움 | 十周年庆 shí zhōunián qìng 10주년 기념

4 회원혜택 관련 표현

会员优惠 huìyuán yōuhuì 회원우대 | 会员特别折扣 huìyuán tèbié zhékòu 회원 특별할인 |
会员卡(积分卡) huìyuán kǎ(jīfēn kǎ) 회원카드, 포인트 카드 |
双倍积分 shuāngbèi jīfēn 두 배 적립

예) 会员购物，双倍积分 회원 구매 시 두 배 적립

5 경품행사 관련 표현

抽奖 chōujiǎng 추첨하다 | 抽奖券 chōujiǎng quàn 추첨권 | 中奖 zhòngjiǎng 당첨되다

예) 购物100元送抽奖券一张 100위엔 구매 시 추첨권 1장을 드립니다.

购物广告

太平百货商场10周年庆

6月1日 – 6月7日 七天乐!

无限超值商品! 五❶重精彩活动!

1. 买500送300
   购物满500元即送300元购物券

2. 幸运大抽奖, ❶中奖率❷100%
   当天购物累计满100元即送抽奖券1张
   - 特等奖: 3D电视机一台
   - 一等奖: 挂机空调一台
   - 二等奖: 全自动洗衣机一台
   - 三等奖: 自行车一台

3. 全场2-8折

4. 每日送出100份礼品, 先到先得

5. 会员购物, 双倍积分

特别活动:
6月5日在本店一楼举行韩式婚纱秀!

太平会员卡简介

"太平会员卡"是太平百货的购物优惠卡。顾客用此卡购物、消费可获得积分和礼品;同时,持卡的顾客还可享受店内折扣等各种优惠。我们还为太平会员提供超值服务,顾客可以直接在查询台进行即时e卡查询,真正使消费者购物更方便、更愉快。

알아두면 유용한 상식

❶ 重/中 (의미에 따라 성조가 다른 글자)

重은 '무겁다'라는 뜻일 때는 zhòng으로 읽지만, '다시, 겹치다'라는 뜻일 때는 chóng이라고 읽는다. 中도 '가운데'라는 뜻일 때는 zhōng으로 읽지만, '맞히다, 당첨되다' 혹은 '당하다, 걸리다'라는 뜻일 때는 zhòng으로 읽는다.

❷ 100%(百分之百)

백분율을 나타내는 표현은 '百分之~(bǎi fēn zhī~)'를 사용하여 읽는다. 70%는 百分之七十로 읽는다.

맛있는 단어
Y.u.m.m.y.W.o.r.d.s

- 无限 wúxiàn 〔형〕 무한하다
- 超值 chāozhí 〔동〕 비용의 가치를 넘어서다
- 精彩 jīngcǎi 〔형〕 근사하다, 훌륭하다
- 购物 gòuwù 〔동〕 물건을 구매하다
- 即 jí 〔부〕 곧, 바로
- 购物券 gòuwù quàn 〔명〕 구매권(상품권)
- 幸运 xìngyùn 〔명〕 행운
- 中奖率 zhòngjiǎnglǜ 〔명〕 당첨확률
- 当天 dāngtiān 〔명〕 당일
- 累计 lěijì 〔동〕 누계하다
- 挂机空调 guàjī kōngtiáo 〔명〕 벽걸이 에어컨
- 洗衣机 xǐyījī 〔명〕 세탁기
- 精彩 jīngcǎi 〔형〕 (공연, 문장, 행사 등이) 뛰어나다
- 份 fèn 〔양〕 사람 수에 따라 나눌 때 사용
- 礼品 lǐpǐn 〔명〕 선물
- 举行 jǔxíng 〔동〕 거행하다
- 韩式 hánshì 〔명〕 한국식
- 婚纱 hūnshā 〔명〕 웨딩드레스
- 秀 xiù 〔명〕 쇼
- 获得 huòdé 〔동〕 얻다, 획득하다
- 持 chí 〔동〕 소지하다
- 查询台 cháxúntái 〔명〕 안내데스크
- 即时 jíshí 〔부〕 즉각, 실시간으로
- 查询 cháxún 〔동〕 문의하다, 조회하다
- 愉快 yúkuài 〔형〕 유쾌하다

체크체크

Q 보기에 주어진 단어를 이용해 빈칸을 채워 보세요.

보기 累计 无限 精彩 份 超值

1. 今天晚上我们看了一部（　　　）的电影。
2. （　　　）商品，等你来买。
3. 他有（　　　）的想象力。
4. （　　　）300分以上，将获得一（　　　）礼物。

본문 내용을 읽은 후, 아래 질문에 답해 보세요.

1. 买500元以上的商品，就送什么？

　　❶ 信用卡　　❷ 300元现金　　❸ 300元购物券　　❹ 礼品

2. 抽奖时的中奖率是多少？

　　❶ 30%　　❷ 50%　　❸ 80%　　❹ 100%

3. 怎么能得到抽奖券？

　　❶ 当天购物累计100元

　　❷ 当天购物累计500元

　　❸ 七天购物累计100元

　　❹ 每个月购物累计100元

4. 6月5日有什么特别活动？

　　❶ 韩国歌手唱歌　　❷ 韩式婚礼

　　❸ 韩服秀　　❹ 韩式婚纱秀

5. 请选出与上面不同的内容。

　　❶ 6月1-7日有5个精彩活动。

　　❷ 抽奖时特等奖是全自动洗衣机。

　　❸ 全场有80%-20% 的减价。

　　❹ 最先来的100个人就能得到礼品。

Y.u.m.m.y.E.x.p.r.e.s.s.i.o.n

1 购物 (이합동사)

> **购物**满500元即送300元购物券
> 500위엔 구매 시 300위엔의 구매권을 드립니다

+ 이합동사란 购物, 抽奖, 中奖, 积分 등과 같이 동사와 명사(목적어)가 합쳐져서 만들어진 동사를 말한다. 이합동사에는 이미 목적어가 있기 때문에 뒤에 목적어를 다시 넣을 수 없다. 了, 着, 过 같은 동태조사나 양사 등은 대부분 이합동사 사이에 들어간다.

　　　　　　　购物는 이합동사이기 때문에 뒤에 목적어(电脑)가 다시 나올 수 없다. 이때는 购物를 购买로 바꿔야 한다.
▷ 我想购物电脑。(×) → 我想购买电脑。(○)

　　나는 컴퓨터를 사고 싶다.
　　　　　　　中奖은 이합동사이기 때문에 단어 사이에 동태조사 혹은 명사를 수식하는 형용사가 들어갈 수 있다.
▷ 我今天中了大奖。

 해석

2 即

> 购物满500元**即**送300元购物券
> 500위엔 구매 시 300위엔의 구매권을 바로 드립니다

+ 即는 '곧, 바로'라는 뜻의 부사로 就와 비슷한 의미이며, 주로 문어체에 많이 쓰인다.

▷ 付了钱后，即可带走。
　　돈을 지불하면, 곧바로 가져 가셔도 됩니다.
　　　　　　셔츠를 셀 때 쓰는 양사　　　넥타이를 셀 때 쓰는 양사
▷ 购买一件衬衫，即送一条领带。

 해석

　단어 付钱 fù qián 통 지불하다

3 当天

当天购物累计满100元即送抽奖券1张

당일 누계 구매액 100위엔 당 1장의 추첨권을 드립니다

➕ 当은 '그, 그때'라는 뜻을 가지고 있으며, 当年(그 해, 그 당시), 当天(그날, 당일), 当时(그때, 당시), 当地(현지)의 형태로 잘 쓰인다.

当年: 当+年(그 해)
▷ 你妈妈**当年**是学校的校花。

네 엄마는 그 당시 학교 퀸카였다.

当地: 当+地(현지)
▷ **当地**时间6点30分抵达北京机场。

단어 校花 xiàohuā 명 퀸카 | 抵达 dǐdá 동 도착하다

4 出

每日送**出**100份礼品，先到先得

매일 100개의 사은품 선착순 증정

➕ 出는 동사 뒤에서 방향보어로 쓰여서 동작을 통해 '안에서 밖으로 나오다'라는 의미를 나타낸다.

拿出: 꺼내 보이다
▷ 大家都**拿出**自己的作业给我看。

모두들 자기의 숙제를 꺼내서 내게 보여 주세요.

说出: 말을 꺼내다
▷ 他**说出**了自己的心事。

단어 心事 xīnshì 명 마음속 근심

해석 1. 나는 오늘 큰 경품에 당첨되었다. 2. 셔츠를 한 벌 구매하시면, 넥타이를 드립니다.
3. 현지 시각 6시 30분에 베이징공항에 도착했다. 4. 그는 자신의 근심을 이야기했다.

TEST 2

1. 단어를 배열하여 문장을 만들어 보세요.

❶ 나는 오늘 큰 경품에 당첨되었다.

中　大奖　今天　我　了

➡ _____

❷ 돈을 지불하면, 곧바로 가져 가셔도 됩니다.

带　即　后　付　钱　了　走　可

➡ _____

❸ 현지 시각 6시 30분에 베이징공항에 도착했다.

北京　30分　时间　6点　抵达　机场　当地

➡ _____

❹ 네 엄마는 그 당시 학교 퀸카였다.

校花　当年　妈妈　你　是　学校　的

➡ _____

❺ 그는 자신의 근심을 이야기했다.

自己　说　他　心事　了　的　出

➡ _____

2. 다음 주어진 단어들을 사용하여 쇼핑광고문을 만들어 보세요.

행사기간:	할인:	증정:	회원혜택:	경품:
夏季特卖会	特价	买一送一	限会员优惠	抽奖
儿童节特卖会	大减价	买300送100	会员特别折扣	抽奖券
精彩假日	半价	满100减20	会员卡	中奖
七天乐	五折	送现金券	积分卡	
十周年庆	八折	送购物券	双倍积分	

❶ 하계 특별 세일, 전 매장 대 바겐세일! 구매액 300위엔 당 100위엔을 돌려드립니다. 회원 여러분께는 2배의 포인트를 적립해 드립니다.

→ _____

❷ 어린이날 특별 세일, 전 매장 20% 세일! 100위엔 당 20위엔을 할인해드립니다. 회원 특별우대, 300위엔 구매 시 추첨권을 드립니다.

→ _____

3. 우리말 문장에 맞도록 중국어로 쓰세요. 문장 확장 연습

❶ 숙제를 꺼내다.

→ _____

❷ 자기의 숙제를 꺼내다.

→ _____

❸ 모두들 자기의 숙제를 꺼내다.

→ _____

❹ 모두들 자기의 숙제를 꺼내서 내게 보여 주세요.

→ _____

购物广告 (쇼핑광고)

夏季特卖会 (하계 특별세일)

全场疯狂折扣！
夏季用品满300减100
女装全场五折！
8月15日开心大抽奖！
　　一等奖：海南岛五日游
　　二等奖：1,000元现金券
　　三等奖：麻辣香餐厅消费券

让你买得开心！用得放心！

▼ 직접 해석해 보고, 모범 해석 확인 후 다시 읽어 보세요.

단어 疯狂 fēngkuáng 형 미치다 | 用品 yòngpǐn 명 용품 | 女装 nǚzhuāng 명 여성복 | 海南岛 Hǎinándǎo 지명 하이난다오 | 游 yóu 명 여행, 유람 | 餐厅 cāntīng 명 레스토랑 | 开心 kāixīn 형 즐겁다

공공장소 속의 독해

영화관, 은행 등 공공장소에서 접할 수 있는 내용의 실용문장으로
실전력을 높이고, 중급 독해를 뛰어넘어 봅시다.

11과 중국음식점 메뉴판 中式餐厅菜单   147

12과 영화관 电影城   159

13과 은행 银行   171

14과 기차역 火车站   183

15과 공항 机场   195

11과 중국음식점 메뉴판
中式餐厅菜单

독해
- 메뉴판
- 麻辣香 중국음식점
- 세트음식 메뉴

맛있는 표현
1. 起
2. 并(且)
3. 被评为
4. 为(了)

중국식당의 메뉴 판은?

이번 과에서는 중국식당을 갔을 때 접하게 되는 메뉴에 대해 공부해 보도록 하겠습니다. 메뉴를 독해하기 위해서는 의외로 많은 어휘력이 필요합니다. 여러분이 중국식당에 가서 주문을 할 때, 메뉴를 이해하지 못한다면, 본인이 전혀 원치 않는 요리를 주문하는 경우가 생기겠지요. 소동파가 즐겼다는 '동파육' 같이 유래를 알아야 알 수 있는 어려운 요리이름은 어쩔 수 없겠지만, 다행히 대부분의 요리는 약간의 요령만 익히면 그 이름만 봐도 얼마든지 재료, 조리법 등을 어느 정도 예상할 수 있어, 여러분의 기호에 맞는 요리를 주문할 수 있습니다. 중국 요리는 산둥, 쓰촨, 광둥 등 각 지역별로 유명한 8대 요리계보가 있는데, 각 지역의 약칭을 알아 두면 식당을 고를 때나 요리를 고를 때 도움이 됩니다.

중국요리 8대 계보

川 Chuān 쓰촨   粤 Yuè 광둥   湘 Xiāng 후난   鲁 Lǔ 산둥
闽 Mǐn 푸젠   徽 Huī 안후이   苏 Sū 장쑤   浙 Zhè 저장

川菜 쓰촨요리

闽菜 푸젠요리

粤菜 광둥요리

鲁菜 산둥요리

메뉴관련 표현 미리 맛보기

1 요리이름에 재료가 들어간다.

> 牛肉 niúròu 소고기 | 猪肉 zhūròu 돼지고기 | 羊肉 yángròu 양고기 |
> 排骨 páigǔ 갈비 | 鸡 jī 닭 | 鸭 yā 오리 | 鱼 yú 생선 | 海鲜 hǎixiān 해산물 |
> 蛋 dàn 알 | 青菜 qīngcài 채소 | 蒜 suàn 마늘 | 面 miàn 면 | 米粉 mǐfěn 쌀국수

예) 海鲜面 해산물면
　　牛肉米粉 소고기 쌀국수

2 요리이름에 재료를 썰고 다지는 방법이 들어간다.

> 丁 dīng 깍두기 | 丝 sī 채 | 片 piàn 편 | 末 mò 다짐 | 泥 ní (더 잘게) 다짐

예) 蒜泥猪肉 마늘이 들어간 다진 돼지고기 요리
　　鸡丝面 채 썬 닭고기가 들어간 면
　　青菜肉片汤 채소와 얇게 썬 고기가 들어간 탕

3 요리이름에 조리법이 들어간다.

> 烤 kǎo 굽다 | 炒 chǎo 볶다 | 炸 zhá 튀기다 | 烧 shāo 끓이다/졸이다 | 煮 zhǔ 삶다 |
> 蒸 zhēng 찌다 | 煎 jiān 부치다 | 凉拌 liáng bàn 무치다 |
> 清 qīng 기름이나 조미료 등을 적게 넣어 담백한 | 干 gān 수분 함유량이 적은 |
> 红烧 hóngshāo 간장 등을 넣고 졸여서 검붉게 만든 | 汤 tāng 탕

예) 炒饭 볶음밥
　　烤牛肉 구운 소고기
　　红烧肉 고기 조림
　　清蒸鱼 담백하게 찐 생선

菜 单

精美小炒类

炒肉丝 고기채 볶음
- 炒 조리방법: 볶다
- 肉 재료: 고기
- 丝 썰기방법: 채

炒青菜
葱花煎蛋
西红柿炒鸡蛋
青椒炒鸡蛋

海鲜类

- 干 조리방법: 수분이 적다
- 焙 조리방법: 졸이다
- 大虾 재료: 대하

干烧大虾 (물기 없이) 조린 대하
干煎螃蟹
干炸带鱼
❶ 爆炒鱿鱼
清蒸鳗鱼

面粉类

炒米粉 볶은 쌀국수
- 炒 조리방법: 볶다
- 米粉 재료: 쌀국수

炒面
凉拌面
凉拌米粉

凉菜类

凉拌黄瓜 오이무침
- 凉拌 조리방법: 무치다
- 黄瓜 재료: 오이

凉拌西红柿
凉拌海带
凉拌牛肉
蒜泥猪肉

汤类

排骨汤 갈비탕
- 排骨 재료: 갈비
- 汤 재료방법: 탕

海鲜汤
紫菜蛋汤
黄瓜肉片汤
鱼丸汤

❷ 川菜类

麻辣牛肉 매운 소고기볶음
- 麻辣 맛: 맵고 얼얼하다
- 牛肉 재료: 소고기

麻辣豆腐
辣子鸡丁
川味火锅

麻辣香中式餐厅

本餐厅自从1985年营业起，深受顾客的喜爱，并每年推出不同的特色菜，今年也被评为本市最佳餐厅。

为了感谢新老顾客的支持，本餐厅现推出，从今日起为消费一百元以上的顾客免费提供咖啡或奶茶，为消费两百元以上的顾客免费提供甜品。

알아두면 유용한 상식

① 爆炒鱿鱼 (오징어볶음)

'오징어볶음'이라는 뜻인데, 오징어를 볶을 때 그 모습이 흡사 이불을 돌돌 말아 놓은 모습을 연상시켜 '회사에서 잘리다(짐을 싸다)'는 의미로도 쓰인다. 炒의 앞에 爆을 넣어서 '센 불에 볶는다'라고 표현하기도 한다.

② 川菜 (쓰촨요리)

중국의 8대 요리계보에서도 가장 환영받는 요리는 쓰촨요리이며, 그래서 중국 어느 지역을 가든 쓰촨요리를 맛볼 수 있다. 쓰촨요리는 맵다고 알려져 있는데, 한국음식의 매운 맛과는 다르게 혀가 얼얼하게 마비되는 매운 맛이다.

맛있는 단어

Y.u.m.m.y.W.o.r.d.s

- 精美 jīngměi 〔형〕 뛰어나고 좋다
- 青菜 qīngcài 〔명〕 채소
- 葱花 cōnghuā 〔명〕 파 다짐
- 青椒 qīngjiāo 〔명〕 피망
- 海鲜 hǎixiān 〔명〕 해산물
- 大虾 dàxiā 〔명〕 대하(새우)
- 螃蟹 pángxiè 〔명〕 게
- 带鱼 dàiyú 〔명〕 갈치
- 爆炒 bàochǎo 〔동〕 아주 센 불에 볶다
- 黄瓜 huángguā 〔명〕 오이
- 海带 hǎidài 〔명〕 미역
- 蒜 suàn 〔명〕 마늘
- 汤 tāng 〔명〕 국
- 排骨 páigǔ 〔명〕 갈비
- 紫菜 zǐcài 〔명〕 김
- 鱼丸 yúwán 〔명〕 생선완자, 어묵
- 麻辣 málà 〔형〕 얼얼하게 맵다
- 辣子 làzi 〔명〕 고추
- 火锅 huǒguō 〔명〕 샤브샤브
- 顾客 gùkè 〔명〕 고객
- 支持 zhīchí 〔동〕 지원(하다), 지지(하다)
- 起 qǐ 〔동〕 시작하다
- 推出 tuīchū 〔동〕 선보이다, 출시하다
- 提供 tígōng 〔동〕 제공하다
- 评为 píngwéi 〔동〕 ~로 선정하다, ~로 평가하다
- 营业 yíngyè 〔동〕 영업하다
- 最佳 zuìjiā 〔형〕 최상의, 최우수의
- 甜品 tiánpǐn 〔명〕 달콤한 디저트

체크체크

Q 보기에 주어진 단어를 이용해 빈칸을 채워 보세요.

보기 最佳 评为 支持 起 提供

1. 我们为您 (　　　) 最良好的服务。
2. 感谢你们的关心和 (　　　)。
3. 我从今天 (　　　) 努力学习。
4. 我们饭店被 (　　　) 全国 (　　　) 饭店。

본문 내용을 읽은 후, 아래 질문에 답해 보세요.

1. 下面哪一个是四川菜?

① 清蒸鳗鱼　② 青椒炒鸡蛋　③ 麻辣豆腐　④ 排骨汤

2. 下面哪一个不是海鲜类?

① 干煎螃蟹　② 爆炒鱿鱼　③ 干烧大虾　④ 川味火锅

3. 这家餐厅是从什么时候开始营业的?

① 1975年　② 1985年　③ 1995年　④ 从今天开始

4. 这家餐厅为谁免费提供咖啡和奶茶?

① 所有的顾客　② 老年顾客　③ 新的顾客　④ 消费一百块以上的顾客

5. 请选出与上面不同的内容。

① 这家餐厅很受人们的欢迎。

② 每年推出同样的特色菜。

③ 为所有的顾客免费提供甜品。

④ 今年被评为本市最佳餐厅。

Y.u.m.m.y.E.x.p.r.e.s.s.i.o.n

1 起

本餐厅自从1985年营业起，…

저희 레스토랑은 1985년부터 영업을 시작하여, …

+ 起는 '일어나다'라는 뜻 외에 '시작하다'라는 뜻도 있다. 이 경우 대부분 앞에 自나 从과 같은 전치사가 함께 오며 '~부터 시작하다'라는 뜻으로 쓰인다.

▷ 我从今天起会努力学习英语的。

　오늘부터 나는 영어를 열심히 공부할 것이다.

▷ 从上个月起，国家经济恢复增长。

　해석

恢复 huīfù 동 회복하다

2 并(且)

并每年推出不同的特色菜，…

또한 매년 다른 특별요리를 출시하였고, …

+ 并(且)은 '게다가'라는 뜻의 접속사로, '不但/不仅(~일 뿐만 아니라)' 등과 잘 쓰인다.

▷ 这个菜不仅营养很丰富，并味道很好。

　이 요리는 영양이 풍부할 뿐 아니라 맛도 좋다.

▷ 这件衣服不仅很便宜，并且质量很好。

　해석

质量 zhìliàng 명 질

3 被评为

> … 今年也被评为本市最佳餐厅。
>
> … 올해에도 우리 시에서 가장 우수한 레스토랑으로 선정되었습니다.

+ 被评为는 '(~에 의해서) ~로 선정되다, ~로 평가되다'라는 뜻으로, 被 뒤에는 평가의 주체를 넣어줄 수도 생략할 수도 있다. (为는 2성으로 읽는다.)

▷ 他被老师们评为最优秀的学生。 (평가의 주체)

그는 선생님들에 의해 가장 우수한 학생으로 뽑혔다.

▷ 本公司被评为全国一百强企业。 (被 뒤에 주체가 생략됨)

[해석]

단어 优秀 yōuxiù [형] 우수하다 | 一百强企业 yī bǎi qiáng qǐyè 100대 기업

4 为(了)

> 为了感谢新老顾客的支持，…
>
> 단골고객과 새로운 고객의 지지에 감사드리기 위해, …

+ 为(了)는 '~를 위해, ~하기 위해'라는 뜻의 전치사이다. 为(了)는 주로 목적을 나타내며 문장 앞에서 잘 쓰인다.

▷ 为了提高汉语水平，他每天看中国新闻。 (为了 뒤에 목적을 나타내는 절이 나올 수 있다.)

중국어 수준을 높이기 위해, 그는 매일 중국뉴스를 본다.

▷ 我们为你准备了一些礼物。 (대명사, 명사 등의 목적어만 나올 수 있다.)

[해석]

 1. 지난달부터 국가 경제가 회복 신장하였다. 2. 이 옷은 쌀 뿐만 아니라 게다가 질도 좋다.
3. 저희 회사는 전국 100대 기업으로 선정되었습니다. 4. 우리는 당신을 위해 선물을 약간 준비했습니다.

TEST 2

1. 단어를 배열하여 문장을 만들어 보세요.

① 지난달부터 국가 경제가 회복 신장하였다.

恢复　从　国家　月　上　经济　起　个　增长

➡ _____

② 이 요리는 영양이 풍부할 뿐 아니라 맛도 좋다.

营养　好　个　并且　不仅　很　菜　丰富　这　味道　很

➡ _____

③ 저희 회사는 전국 100대 기업으로 선정되었습니다.

企业　全国　本　评为　被　公司　一百强

➡ _____

④ 그는 선생님들에 의해 가장 우수한 학생으로 뽑혔다.

老师们　的　被　优秀　他　最　学生　评为

➡ _____

⑤ 중국어 수준을 높이기 위해, 그는 매일 중국뉴스를 본다.

都　每天　他　水平　看　为了　汉语　提高　新闻　中国

➡ _____

2. 다음 주어진 단어들을 사용하여 요리 이름을 만들어 보세요.

조리방법:	재료:	썰기방법:
汤　　炒 干　　蒸 清　　烧	蒜　　肉 猪肉　黄瓜 辣子　鸡 鳗鱼　大虾	泥 片 丁 丝

❶ (물기 없이) 조린 대하　➡　____ ____ 大虾

❷ 마늘 돼지고기　➡　蒜 ____ 猪肉

❸ 매운 닭강정　➡　辣子 ____ ____

❹ 오이 편육탕　➡　黄瓜 ____ ____ 汤

❺ 고기채 볶음　➡　炒肉 ____

❻ 장어찜　➡　____ 蒸鳗鱼

3. 우리말 문장에 맞도록 중국어로 쓰세요. 문장 확장 연습

❶ 영어를 공부한다.
➡ _____

❷ 나는 열심히 영어를 공부한다.
➡ _____

❸ 나는 열심히 영어를 공부할 것이다.
➡ _____

❹ 오늘부터 나는 열심히 영어를 공부할 것이다.
➡ _____

套餐菜单 (세트음식 메뉴)

来一瓶可口可乐！

消费任何面食、炒饭加一元，均送可口可乐一瓶。

 88元 套餐 (供二人用)

鸡腿炒饭 / 炒肉丝
排骨汤

免费送 **甜品**

 138元 套餐 (供三人用)

牛肉炒面 / 青椒炒肉
海鲜汤

免费送 **甜品、饮料**

赠券 (증정권)
20元

▼ 직접 해석해 보고, 모범 해석 확인 후 다시 읽어 보세요.

 套餐 tàocān 명 세트메뉴, 정식 | 任何 rènhé 부 어떤 | 面食 miànshí 명 면요리 | 均 jūn 부 모두 | 供 gōng 명 합계, 모두 | 鸡腿 jītuǐ 명 닭다리 | 赠券 zèngquàn 명 증정권, 쿠폰

12과 영화관
电影城

독해
- 관람객 공지사항
- 영화표
- 영화표 구매 유의사항

맛있는 표현
1. 于
2. 须
3. 凭
4. 随

电影城(영화관)과 电影票(영화표)

중국에서는 영화관을 电影城 diànyǐngchéng 혹은 电影院 diànyǐngyuàn이라고 부릅니다. 중국의 영화표는 A类城市(A등급 도시, 예: 베이징, 상하이)이거나 豪华影院(호화영화관), 最新电影(최신영화)일 경우 표 가격이 비싼 경우가 있습니다. 호화영화관의 표 가격은 일반 영화관의 가장 낮은 표 가격의 두 배 가까이 되기도 합니다. 우리나라에 조조할인이 있는 것처럼 중국도 시간에 따라 금액이 다르며, 상영관, 좌석 종류에 따라 달라지기도 합니다.

이번 과에서는 영화관에서 접할 수 있는 독해에 대해 공부해 보겠습니다. 게시문의 문장과 영화표에 기재되는 표현을 알아봅시다.

周二半价优惠活动(화요일 반값 할인행사) 게시문

售票处(매표소)

영화관 표현 미리 맛보기

1. 영화표에 기재되는 기본사항

影厅 yǐngtīng 상영관 | 影片 yǐngpiàn 상영 영화 | 座位 zuòwèi 좌석 |
座类 zuòlèi 좌석 종류 | 票价 piàojià 표 금액

2. 좌석의 위치 및 종류

厅 tīng 상영관 | 排 pái 열 | 号 hào 호, 석 |
对号入座 duì hào rù zuò 번호대로 앉으십시오 |
情侣座 qínglǚ zuò 연인석 | 卡座 kǎ zuò 칸막이 좌석(연인석) | 单人座 dānrén zuò 일반석

예) 1厅10排17号 (对号入座) 1상영관 10열 17석 (번호대로 앉으십시오)

3. 매표 및 입장

购票 gòupiào 표를 구매하다 | 入场 rùchǎng 입장하다 | 退票 tuìpiào 표를 환불하다 |
换票 huànpiào 표를 바꾸다 | 票根 piàogēn 검표하고 남은 표의 반쪽 | 退场 tuìchǎng 퇴장하다

4. 금지사항

携带宠物 xiédài chǒngwù 애완동물을 데리고 다니다 |
随地吐痰 suídì tǔtán 아무데나 가래를 뱉다 | 摄影 shèyǐng (사진) 촬영하다 |
摄像 shèxiàng (동영상을) 촬영하다 | 录音 lùyīn 녹음하다

예) 请勿携带宠物进入影厅。 애완동물을 데리고 상영관에 입장하지 마세요.

5. 표의 종류

标准票 biāozhǔn piào 일반표 | 特价票 tèjià piào 특가표 | 学生票 xuésheng piào 학생표 |
半价票 bànjià piào 반가표 | 早场票 zǎochǎng piào 조조할인표 | 团体票 tuántǐ piào 단체표

敬告观众

1. 每票只限一人，退场前，请保留票根。
2. 高于1米的儿童必须购票，怀抱婴儿谢绝入场。
3. 在校学生凭学生证购票入场。
4. 凭残疾证、老年证享受半价优惠。
5. 请勿吸烟、随地吐痰、或携带宠物进入影厅。
6. 影厅内禁止摄影、摄像及录音。
7. 影片放映时，请关闭移动电话。
8. 请您电影开映前5-10分钟入场。
   开映后不能退票或换票。

※ 每天12:00前，22:00后，能享受半价。

电影票

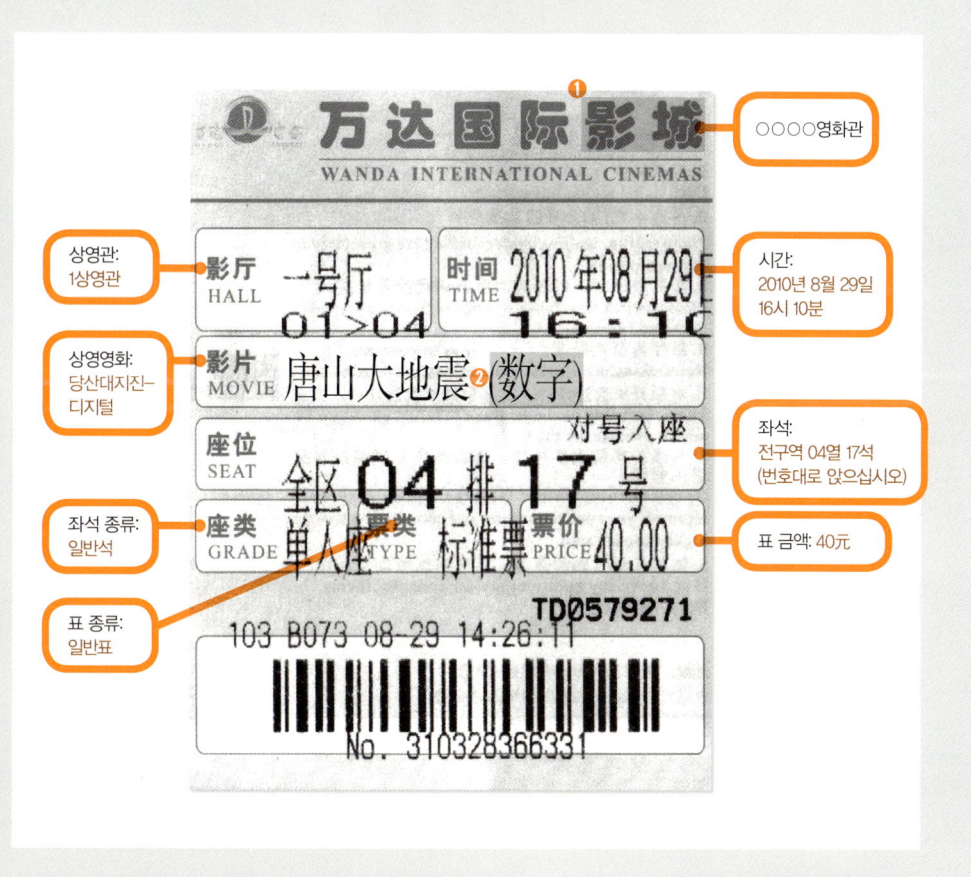

알아두면 유용한 상식

❶ 影城(电影城, 영화관)

중국어로 영화관을 电影院이라고 하지만 대부분의 중국 영화관은 影城 혹은 电影城이라는 명칭을 사용한다. 城은 직역하면 '성'이라는 뜻이지만, 도시나 마을이라는 뜻도 있기 때문에, '무비시티'의 의미인 대형영화관으로 의역할 수 있다. 비슷한 개념으로 라스베이거스 같은 도박의 도시나 시설을 赌城 dǔchéng이라고 한다.

❷ 数字(디지털)

数字는 '숫자'라는 뜻이지만 디지털이 숫자를 가리키기 때문에 디지털이라고 해석할 수 있다. 본문에서는 '디지털(상영)'을 의미한다.

맛있는 단어 Y.u.m.m.y.W.o.r.d.s

- 敬告 jìnggào 동 정중히 알리다
- 观众 guānzhòng 명 관중
- 限 xiàn 동 제한하다
- 保留 bǎoliú 동 보관하다
- 怀抱 huáibào 동 품에 안다
- 婴儿 yīng'ér 명 영아, 유아
- 谢绝 xièjué 동 (정중히) 사절하다
- 凭 píng 전 ~을 근거로, ~에 따라
- 残疾证 cánjí zhèng 명 장애인증
- 老年证 lǎonián zhèng 명 노인증
- 享受 xiǎngshòu 동 누리다
- 放映 fàngyìng 동 상영하다
- 关闭 guānbì 동 닫다, 끄다
- 移动电话 yídòng diànhuà 명 이동전화, 핸드폰
- 开映 kāiyìng 동 상영을 시작하다
- 唐山 Tángshān 지명 탕산(허베이성 동부)
- 地震 dìzhèn 명 지진

체크체크

Q 보기에 주어진 단어를 이용해 빈칸을 채워 보세요.

보기 怀抱   保留   谢绝   婴儿   享受

1. 本餐厅（　　　）自带的饮料。
2. 您在这儿可以（　　　）免费服务。
3. 下车前，请（　　　）您的车票。
4. 李太太手里（　　　）着一个（　　　）。

본문 내용을 읽은 후, 아래 질문에 답해 보세요.

1. 这张电影票多少钱？

　　① 20块　　② 30块　　③ 40块　　④ 免费

2. 可以免费入场的人是谁？

　　① 残疾人　　② 大学生　　③ 老年人　　④ 身高不到一米的儿童

3. 在影厅里要做的事情是什么？

　　① 携带宠物

　　② 抽烟及吐痰

　　③ 关闭手机

　　④ 摄影及摄像

4. 这张票的票类是什么？

　　① 标准票　　② 学生票　　③ 双人票　　④ 团体票

5. 请选出与上面不同的内容。

　　① 唐山大地震是数字电影。

　　② 身高1米以上的儿童应该购票。

　　③ 开映后不能退票。

　　④ 学生没有学生证，也可以享受优惠。

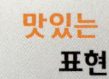

1 于

高于1米的儿童必须购票，怀抱婴儿谢绝入场。
1m가 넘는 어린이는 표를 꼭 구매해야 하며, 아기를 안고 입장하는 것은 사절합니다.

+ 于는 여러 가지 의미가 있는 전치사로써, 이 과에서는 '~보다'라는 뜻으로 쓰였다. '比'비교문은 [A比B+형용사]의 형식으로 'A는 B보다 ~하다'라고 하지만, '于'비교문은 [A+형용사+于B]의 형식으로 나타낸다.

　　　　　　1m보다 낮은
▷ 低于1米的儿童不能坐海盗船。

　1m가 안 되는 어린이는 바이킹을 탈 수 없다.

▷ 每月工资少于800元的人可以申请。

해석

 海盗船 hǎidàochuán 명 바이킹 | 工资 gōngzī 명 월급 | 申请 shēnqǐng 동 신청하다

2 须

高于1米的儿童必须购票，怀抱婴儿谢绝入场。
1m가 넘는 어린이는 표를 꼭 구매해야 하며, 아기를 안고 입장하는 것은 사절합니다.

+ 须는 '~해야 한다'라는 뜻의 조동사로 须要로 쓰이기도 한다.

▷ 要休学，须办理手续。

　휴학을 하려면 수속 처리가 필요합니다.

　　　　　　　　须 앞에 必가 오면 '반드시 ~해야 한다'라는 의미
▷ 有什么问题，必须告诉我。

해석

3 凭

在校学生凭学生证购票入场。

재학 중인 학생은 학생증에 따라 표를 사고 입장한다.

- 凭은 '~에 근거하여, ~에 따라서'라는 뜻의 전치사이다. 뒤에 따라오는 명사구가 길어질 경우 凭着를 쓰기도 한다.

  凭+명사
- ▷ 你凭什么这么说?

  너 무슨 근거로 이렇게 말하는 거야?

  凭着+명사구
- ▷ 他凭着自己的感觉做事。

해석

단어 感觉 gǎnjué 명 느낌

4 随

请勿吸烟、随地吐痰、或携带宠物进入影厅。

담배를 피우거나, 아무 데나 가래를 뱉지 마시고, 애완동물을 데리고 상영관에 들어가지 마십시오.

- 随는 '아무렇게나 ~하다, 마음대로 ~하게 하다'라는 뜻의 동사이며, 뒤에 따라오는 단어의 뜻에 따라 의미가 조금씩 바뀐다.

  随가 时와 결합하여 '언제든지, 아무 때나'라는 뜻의 부사가 됨
- ▷ 如果你需要帮助, 随时来找我。

  만약 도움이 필요하시면, 아무 때나 절 찾아 오세요.

  随가 便과 결합하여 '편한 대로, 마음대로'라는 뜻의 부사가 됨
- ▷ 你随便点几个菜吧。

해석

해석 1. 매월 임금이 800위엔보다 적은 사람은 신청할 수 있다. 2. 무슨 문제가 있으면, 반드시 저에게 알려 주세요. 3. 그는 자기의 느낌에 따라 일을 한다. 4. 당신 편한 대로 몇 가지 요리를 주문하세요.

TEST 2

Y.u.m.m.y.E.x.p.r.e.s.s.i.o.n

1. 단어를 배열하여 문장을 만들어 보세요.

❶ 매월 임금이 800위엔보다 적은 사람은 신청할 수 있다.

申请   少   每   可以   月   元   800   人   于   工资   的

→ _____

❷ 휴학을 하려면 수속 처리가 필요합니다.

办理   须   休学   手续   要

→ _____

❸ 무슨 문제가 있으면, 반드시 저에게 알려 주세요.

问题   有   必须   我   什么   告诉

→ _____

❹ 그는 자기의 느낌에 따라 일을 한다.

凭着   他   的   感觉   做事   自己

→ _____

❺ 만약 도움이 필요하시면, 아무 때나 절 찾아 오세요.

我   如果   找   你   帮助   随时   来   需要

→ _____

2. 다음 주어진 단어들을 사용하여 영화표에 들어갈 내용을 만들어 보세요.

기본 사항:		좌석:		표 종류:
时间	影厅	厅	对号入座	标准票
座位	票类	排	情侣座	特价票
座类	票价	号	卡座	学生票
影片			单人座	半价票

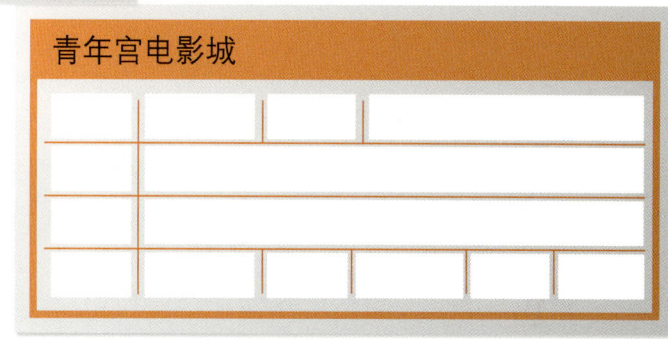

3. 우리말 문장에 맞도록 중국어로 쓰세요. 문장 확장 연습

① 바이킹을 타다.

→ _____

② 바이킹을 탈 수 없다.

→ _____

③ 아동은 바이킹을 탈 수 없다.

→ _____

④ 1m가 안 되는 아동은 바이킹을 탈 수 없다.

→ _____

购票提示 (영화표 구매 유의사항)

1. 观众购票时，请看清片名、时间、票价。
2. 请准时入场观影，对号入座。
3. 电影开映前30分钟内，谢绝电影票退换。
4. 团体票不接受退换。
5. 低于1米的儿童免票。
6. 3D是特殊影片，低于1米的儿童也要购票。

▼ 직접 해석해 보고, 모범 해석 확인 후 다시 읽어 보세요.

提示 tíshì 몡 도움말 동 힌트를 주다 | 准时 zhǔnshí 뷔 제때에, 시간 맞춰서 | 退换 tuìhuàn 동 교환하다 |
接受 jiēshòu 동 받아들이다 | 特殊 tèshū 형 특수하다

13과 은행
银行

독해
- 고객 유의사항
- 저축예금 개설 신청서
- 송금 신청서

맛있는 표현
1. 不得
2. 按照
3. 除了~以外
4. 有关

은행

은행은 중국에서 여행이나 유학, 출장 등을 갈 때 반드시 가게 되는 곳 중에 하나입니다. 특히 유학생이나 현지 주재원과 같이 중국에서 장기간 거주하는 경우 한 번쯤은 은행계좌를 개설하거나 환전을 하게 됩니다. 은행에 갔을 때, 신청서의 내용을 잘 모른다면 당황할 수도 있겠죠? 게다가 금전과 관련된 표현이 주를 이루기 때문에 정확한 독해능력이 필요합니다. 이번 과에서는 통장개설신청서 및 환전신청서를 통해 은행에서 자주 쓰는 표현을 알아봅시다.

中国银行(중국은행)

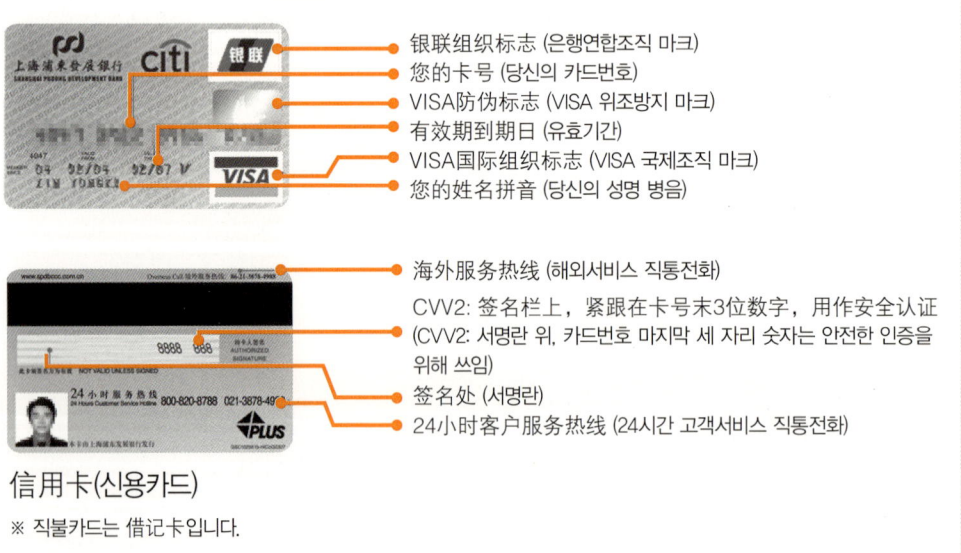

- 银联组织标志 (은행연합조직 마크)
- 您的卡号 (당신의 카드번호)
- VISA防伪标志 (VISA 위조방지 마크)
- 有效期到期日 (유효기간)
- VISA国际组织标志 (VISA 국제조직 마크)
- 您的姓名拼音 (당신의 성명 병음)

- 海外服务热线 (해외서비스 직통전화)
- CVV2: 签名栏上，紧跟在卡号末3位数字，用作安全认证 (CVV2: 서명란 위, 카드번호 마지막 세 자리 숫자는 안전한 인증을 위해 쓰임)
- 签名处 (서명란)
- 24小时客户服务热线 (24시간 고객서비스 직통전화)

信用卡(신용카드)

※ 직불카드는 借记卡입니다.

은행관련 표현 - 미리 맛보기

1 은행 기본 업무

存款 cúnkuǎn 예금하다 | 贷款 dàikuǎn 대출하다 | 提款 tíkuǎn 예금을 인출하다 |
汇款 huìkuǎn 송금하다 | 兑换 duìhuàn 환전하다 | 开户 kāihù 계좌를 개설하다

2 은행거래 증빙자료

存折 cúnzhé 통장 | 存款单 cúnkuǎn dān 예금명세서 |
提款卡 tíkuǎn kǎ 현금카드(보통 해당은행 고유의 카드명칭 사용) |
身份证件 shēnfèn zhèngjiàn 신분증 | 向~出示 xiàng ~ chūshì ~에게 제시하다

예) 向银行出示身份证件 은행에 신분증을 제시하다

3 계좌개설 신청서 내용

客户 kèhù 거래고객 | 代理人 dàilǐrén 대리인 | 常住地址 chángzhù dìzhǐ 거주지 주소 |
证件类型 zhèngjiàn lèixíng 증 유형 | 证件号码 zhèngjiàn hàomǎ 증 번호 |
发证机关 fāzhèng jīguān 발급기관 | 密码 mìmǎ 비밀번호 | 签名 qiānmíng 사인(하다) |
金额 jīn'é 금액

4 예금 종류

活期存款 huóqī cúnkuǎn 보통예금 | 定期存款 dìngqī cúnkuǎn 정기적금 |
整存整取 zhěng cún zhěng qǔ 일시로 맡겨서 일시에 찾는 적금 |
零存整取 líng cún zhěng qǔ 조금씩 맡겨서 일시에 찾는 적금 |
整存零取 zhěng cún líng qǔ 일시로 맡겨서 조금씩 찾는 적금 |
教育储蓄 jiàoyù chǔxù 교육적금 |
活期存折 huóqī cúnzhé 보통예금 통장 | 定期存折 dìngqī cúnzhé 적금 통장

存款开户申请书

客户须知

1. 签字务必清晰，不得涂改。
2. 开立储蓄账户时，请按照<❶个人存款实名制规定>，向银行出示本人法定身份证件。
3. 代理人开户时，除了开户人的身份证件以外，还须出示代理人的法定身份证件。
4. 请妥善保管存款存折/存单/卡和支取密码，存款存折/存单/卡和支取密码遗失，客户须持本人法定身份证到银行挂失。

○○市商业银行　　储蓄存款开户申请书

一、客户信息（请用正楷字体完整填写）

必填内容：

客户姓名 _____　　常住地址 _____

联系电话 _____　　工作单位 _____

证件类型 _____　　证件号码 _____

　　　　　　　　　　　发证机关 _____

代理人姓名 _____　代理人证件号码 _____

　　　　　　　　　　　发证机关 _____

请选择填写以下内容：

职业 _____　　其他联系方式 _____

二、申请业务信息

（请在选择的项目前打"√"或填写内容）

业务种类：

☐ 活期存折　　☐ 整存整取

☐ 零存整取　　☐ 整存零取

☐ 教育储蓄　　☐ 其他

存期 _____

开户金额 ❷大写

_____

本人承诺上述填写的内容真实、合法、无误，并遵守背面《客户须知》的有关规定。〔맛표현 4〕

申请人签名：_____　　年　月　日

알아두면 유용한 상식

❶ 个人存款实名制

(개인예금실명제)

중국의 개인예금실명제란 우리나라의 금융실명제와 비슷한 개념이며, 경제·금융 범죄를 막기 위해 2000년부터 시행하고 있다.

❷ 大写 (큰문자)

大写는 보통 영문 알파벳의 대문자를 말하며, 小写는 소문자를 말한다. 그러나 본문에서의 大写는 금액을 아라비아 숫자로 기입할경우 발생할 수 있는 금액 위조 등을 방지하기 위해 우리나라 은행에서 한글로 숫자를 기입하듯, 중국에서도 壹 yī 일, 贰 èr 이, 叁 sān 삼, 肆 sì 사, 伍 wǔ 오, 陆 liù 육, 柒 qī 칠, 捌 bā 팔, 玖 jiǔ 구, 拾 shí 십, 佰 bǎi 백, 仟 qiān 천 등의 갖은자를 써서 금액을 나타내는 방법이다. 다만, 전산화에 따라 점차 사용이 줄어들고 있는 추세이다.

맛있는 단어
Y.u.m.m.y.W.o.r.d.s

- 须知 xūzhī 명 안내사항
- 签字 qiānzì 동 사인하다
- 务必 wùbì 부 반드시 ~해야 한다
- 清晰 qīngxī 형 선명하다, 뚜렷하다
- 不得 bùdé 동 ~할 수 없다, ~해서는 안 된다
- 涂改 túgǎi 동 지우고 다시 쓰다
- 账户 zhànghù 명 계좌
- 按照 ànzhào 전 ~에 의해, ~에 따라
- 规定 guīdìng 명 규정
- 法定 fǎdìng 형 법이 정한
- 须 xū 조 반드시 ~해야 한다
- 妥善 tuǒshàn 형 적절하다
- 保管 bǎoguǎn 동 보관하다
- 支取 zhīqǔ 동 찾다, 수령하다
- 遗失 yíshī 동 분실하다
- 挂失 guàshī 동 분실 신고하다
- 信息 xìnxī 명 정보

- 正楷 zhèngkǎi 명 해서(정자체)
- 完整 wánzhěng 형 온전하다
- 填写 tiánxiě 동 기입하다, 써넣다
- 必填内容 bìtián nèiróng 명 필수기입 내용
- 选择 xuǎnzé 동 선택하다
- 职业 zhíyè 명 직업
- 项目 xiàngmù 명 항목
- 承诺 chéngnuò 동 승낙하다
- 上述 shàngshù 형 상술한
- 无误 wú wù 동 틀림없다
- 遵守 zūnshǒu 동 준수하다
- 背面 bèimiàn 명 뒷면

체크체크

Q 보기에 주어진 단어를 이용해 빈칸을 채워 보세요.

보기   规定   务必   保管   遵守   填写

1. 请(　　　)记住您的密码。

2. 请(　　　)您的学历和工作经历。

3. 你们要(　　　)公司的(　　　)。

4. 请各位客户妥善(　　　)自己的物品。

본문 내용을 읽은 후, 아래 질문에 답해 보세요.

1. 下面哪一个不是OO银行的业务？

　① 整存整取　② 零存整取　③ 活期存折　④ 保险

2. 填写开户申请书的时候，最后填写的内容是什么？

　① 签名和日期　② 常住住址　③ 开户金额　④ 职业

3. 开户时需要身份证，最主要的原因是什么？

　① 每个人都有身份证

　② 要遵守《个人存款实名制规定》

　③ 银行职员愿意

　④ 身份证是很重要的证件

4. 下面哪一个不是要妥善保管的？

　① 银行职员的名片　② 支取密码　③ 提款卡　④ 存折

5. 请选出与上面不同的内容。

　① 挂失的时候要提示身份证。

　② 代理人要提示自己的身份证。

　③ 开户申请书后面有客户须知的有关规定。

　④ 写错的时候，可以涂改。

13 银行　177

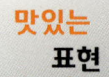

Y.u.m.m.y.E.x.p.r.e.s.s.i.o.n

1 不得

> 签字务必清晰，**不得**涂改。
>
> 사인은 반드시 정확하게 해야 하며, 고치면 안 됩니다.

✚ 不得는 어떤 제한으로 인해 '~해서는 안 된다, ~할 수 없다'는 의미이다. 不得 뒤에는 동사가 나온다.

得는 děi로 읽지 않고 dé로 읽는다.

▷ **不得**使用他人的身份证。

타인의 신분증을 사용해서는 안 된다.

▷ 站台上**不得**越过黄线。

 해석

🗨 站台 zhàntái 명 플랫폼 | 越过 yuèguò 동 넘어가다

2 按照

> 开立储蓄账户时，请**按照**<个人存款实名制规定>，…
>
> 예금계좌를 개설하실 때에는 〈개인예금실명제 규정〉에 따라, …

✚ 按照는 '~대로, ~에 따라, ~에 의해'라는 뜻의 전치사이다. 뒤에 한 글자의 명사가 올 경우에는 按을 써야 한다.

按照 + 두 글자 이상의 명사

▷ **按照**学校的规定，留学生都得参加托福考试。

학교 규정에 따라, 유학생은 모두 토플시험을 쳐야 한다.

按 + 한 글자 명사

▷ **按**理说，他该为这件事负责。

 해석

🗨 托福 tuōfú 명 토플(시험)

3 除了~以外

> 代理人开户时，**除了**开户人的身份证件**以外**，…
>
> 대리인이 개설할 경우, 개설하시는 고객의 신분증 외에도, …

➕ 除了~以外는 '~를 제외하고'라는 뜻으로, 뒤에 都가 나올 경우 '~를 제외하고는 모두'라는 뜻이며, 也나 还가 나올 경우 '~를 제외하고도'라는 뜻이 된다.

▷ **除了**李老师**以外**，大家**都**不会说日语。 *(뒷절이 앞절의 내용을 포함하지 않는 경우 都를 사용)*

  이 선생님을 제외하곤 모두 일본어를 할 줄 모릅니다.

▷ 我们**除了**中国**以外**，**还**去过新加坡。 *(뒷절이 앞절의 내용을 포함하는 경우 还나 也를 사용)*

[해석]

[단어] 新加坡 Xīnjiāpō 명 싱가포르

4 有关

> 本人承诺上述填写的内容真实、合法、无误、并遵守背面《客户须知》的**有关**规定。
>
> 본인은 위의 기입한 내용이 사실이고 합법적이며, 착오가 없으며, 뒷면의 〈고객 유의사항〉의 관련규정을 준수할 것을 서약합니다.

➕ 有关은 '~와 관계가 있다'는 뜻이며, 주로 명사 앞에서 '~와 연관된, ~와 관련된'의 수식형태로 쓰인다.

▷ 这是**有关**中国经济**的**论文。 *(有关~的가 그 뒤에 나오는 명사를 수식)* 이것은 중국경제에 관한 논문이다.

▷ 我们这次会探讨**有关**高考**的**问题。

[단어] 经济 jīngjì 명 경제 | 探讨 tàntǎo 동 토론하다 | 高考 gāokǎo 명 대입시험

[해석] 1. 플랫폼에서는 노란 선을 넘어가면 안 된다. 2. 이치대로 말하자면, 그가 이 일을 책임져야 한다.
3. 우리는 중국 말고도 싱가포르에 가본 적이 있다. 4. 우리는 이번에 대입시험과 관련된 문제를 토론할 것이다.

TEST 2

Y.u.m.m.y.E.x.p.r.e.s.s.i.o.n

1. 단어를 배열하여 문장을 만들어 보세요.

❶ 타인의 신분증을 사용해서는 안 된다.

身份证　不得　他人　的　使用

➡ _____

❷ 학교 규정에 따라, 유학생은 모두 토플시험을 쳐야 한다.

托福　都　按照　的　参加　规定　留学生　得　考试　学校

➡ _____

❸ 이 선생님을 제외하곤 모두 일본어를 할 줄 모릅니다.

不会　除了　大家　都　日语　李老师　说　以外

➡ _____

❹ 우리는 중국 말고도 싱가포르에 가본 적이 있다.

以外　中国　我们　过　还　除了　去　新加坡

➡ _____

❺ 이것은 중국경제에 관한 논문이다.

论文　的　有关　这　经济　是　中国

➡ _____

2. 다음 주어진 단어들을 사용하여 계좌개설 신청서에 들어갈 내용을 채워 보세요.

```
存折              客户      代理人           密码           活期存折
存款单            常住地址   证件类型          签名           整存整取
提款卡            证件号码   发证机关          金额           零存整取
身份证件                                                    整存零取
                                                          教育储蓄
```

○○市商业银行　储蓄存款开户申请书

一、客户信息（请用正楷字体完整填写）

必填内容：

고객성명 _____	거주지주소 _____
联系电话 _____	工作单位 _____
증유형 _____	증번호 _____
	발급기관 _____
대리인성명 _____	대리인 증번호 _____
	발급기관 _____

请选择填写以下内容：

职业 _____　　其他联系方式 _____

二、申请业务信息

（请在选择的项目前打 "√" 或填写内容）

业务种类：

☐ 일반예금　　☐ 整存整取
☐ 零存整取　　☐ 整存零取
☐ 교육적금　　☐ 其他

存期 _____
开户金额(大写) _____

本人承诺上述填写的内容真实、合法、无误、并遵守背面《客户须知》的有关规定。

신청인 사인 _____ :　　　　　年　　月　　日

---

3. 우리말 문장에 맞도록 중국어로 쓰세요. 〔문장 확장 연습〕

❶ 문제를 토론한다.

→ _____

❷ 대입시험과 관련된 문제를 토론한다.

→ _____

❸ 대입시험과 관련된 문제를 토론할 것이다.

→ _____

❹ 우리는 이번에 대입시험과 관련된 문제를 토론할 것입니다.

→ _____

汇款申请书 (송금 신청서)

*송금 신청서의 양식에 맞춰 직접 작성해 보세요.

OO银行   汇款申请书
APPLICATION FOR OUTWARD REMITTANCE
(请用正楷填写及在选择的项目前打"√")

日期(Date):
☐ 电汇
☐ 信汇
☐ 票汇

收款人	
收款人账号	
收款行名称及地址	
收款行之代理行	
汇款人	
汇款人账号	
汇款货币及金额	
密押	
附言	

国外银行费用由 "√" 支付
☐ 收款人 (Beneficiary)
☐ 汇款人 (Remitter)

*汇往境外汇款，请以英文填写汇款申请书。
*开立汇票，请填写取票人姓名及证件号：

申请人姓名 _____ 签名 _____
身份证件号码 _____
联系电话 _____

银行专用

단어

- 电汇 diànhuì 명/동 전신환(보내다) | 信汇 xìnhuì 명/동 우편환(보내다) | 票汇 piàohuì 명/동 송금환(보내다) | 收款人 shōukuǎnrén 명 수취인 | 汇款人 huìkuǎnrén 명 송금인 | 境外 jìngwài 명 국외 | 行 háng 은행의 축약표현 | 密押 mìyā 전신확인부호 | 附言 fùyán 명 부연설명, 비고 | 支付 zhīfù 동 지불하다 | 开立 kāilì 동 발행하다 | 汇票 huìpiào 명 환어음 | 取票人 qǔ piào rén 환어음을 받는 사람

14과 기차역
火车站

독해
- 춘절 열차증편운행 공지
- 베이징 열차 시각표
- 열차 운행중지 공지

맛있는 표현
1. 如
2. 自~起
3. 为
4. 止

火车(기차)

중국인이 가장 많이 이용하는 교통수단으로 기차를 꼽을 수 있습니다. 중국의 기차는 장거리 운행이 많아서 1박2일 이상 걸리는 경우도 흔하며, 그런 이유로 침대칸이나 식당칸이 발달했습니다. 장거리 기차를 타고 드넓은 중국대륙을 달리며 기차에서 친구를 사귀어 보는 것도 참 멋진 추억이 될 것입니다. 이번 과에서는 중국의 기차역에서 볼 수 있는 문장과 중국의 기차에 대해 자세히 알아봅시다.

시속 300km 고속열차(动车组)

기차 내 3층 침대
(上铺, 中铺, 下铺)

기차 관련 표현 미리 맛보기

1 열차의 종류

列车类型 lièchē lèixíng 열차 유형		
KTX급	高铁 gāotiě (가장 빠른) 고속열차	动车组 dòngchēzǔ 고속열차
새마을급	特快 tèkuài 특급열차	快速 kuàisù 쾌속열차
무궁화급	普快 pǔkuài 보통열차	普慢 pǔmàn 완행열차

2 좌석의 종류

软卧 ruǎnwò 1등 침대칸 | 硬卧 yìngwò 일반침대칸 |
上铺 shàngpù 위쪽 침대 | 中铺 zhōngpù 중간 침대 | 下铺 xiàpù 아래쪽 침대 |
软座 ruǎnzuò 특석 | 硬座 yìngzuò 일반석 | 无座 wúzuò 입석

예) 软卧上铺 ruǎnwò shàngpù 1등 침대칸 위쪽 침대

3 열차시각표

车次 chēcì 열차번호 | 始发站 shǐfā zhàn 출발역 | 到达站 dàodá zhàn 도착역 |
经过站 jīngguò zhàn 경유역 | 终点站 zhōngdiǎn zhàn 종착역 |
始发时刻 shǐfā shíkè 출발시각 | 到达时刻 dàodá shíkè 도착시각

예) 到达时刻为17:30分 도착시각은 17시 30분입니다.

4 기타 공지 내용

加开 jiākāi 증편 운행하다 | 停开(停运) tíngkāi(tíngyùn) 운행을 정지하다 |
临时旅客列车 línshí lǚkè lièchē 임시 여객열차 |
暂停发售 zàntíng fāshòu 발매를 잠시 중지하다

예) 北京地区加开临时旅客列车。 베이징 지역은 임시 여객열차를 증편 운행합니다.

北京火车站公告

春运加车公告

为满足春运期间旅客购票需求,北京地区新加开临时旅客列车情况如下:

1. 自2011年2月1日起,北京-大连加开T228次列车,始发时间为18:16分,最终到达大连时间为05:42分。

2. 自2011年2月1日起至2月7日止,北京-哈尔滨加开D25次列车,始发时间为07:15分,最终到达哈尔滨时间为15:20分。

3. 北京-沈阳列车车票暂停发售。具体发售时间,请注意车站通告。

北京列车时刻表

车次	列车类型	始发站	始发时间	经过站	经过站到达时间	经过站发车时间	终点站	到达时间
1133	空调普快	太原	15:55	北京	第二日 04:45	04:55	沈阳北	15:17
4401	普快	北京	16:36	北京	当天 16:36	16:36	天津	18:36
6463	空调普慢	北京	05:39	北京	当天 05:39	05:39	杨村	07:48
D25	❷动车组	北京	07:15	北京	当天 07:15	07:15	哈尔滨	15:20
K7731	空调快速	北京	08:40	北京	当天 08:40	08:40	唐山	11:29
T225/T228	空调特快	北京	18:16	北京	当天 18:16	18:16	大连	05:42

알아두면 유용한 상식

❶ 春运 (설 연휴 운송)

春节는 중국의 가장 큰 전통명절이기 때문에, 중국인들은 설 연휴에 고향으로 돌아가서 가족과 함께 명절을 보낸다. 이때는 민족의 대이동으로 인해 해마다 귀성전쟁이 일어나서, 비행기표나 기차표 구하기가 하늘의 별 따기이다. 春运이란 바로 이 기간에 귀성객들을 운송하는 것을 말한다. 워낙 많은 사람들이 이동하기 때문에, 설 전후 2~3주간은 중국 방문을 피하는 것이 좋다.

❷ 动车组 (고속열차)

动车는 동력이 있는 차, 즉 기관차를 의미하는데, 그 기관차가 한 대가 아닌 여러 대의 기관을 가진 고속열차를 의미한다. 우리의 KTX와 비슷한 개념으로, 중국은 독일, 일본, 프랑스 등으로부터 기술을 도입하여 국산화에 성공했다.

맛있는 단어 Y.u.m.m.y.W.o.r.d.s

- 公告 gōnggào 동 명 공고(하다)
- 满足 mǎnzú 동 만족시키다
- 需求 xūqiú 명 수요
- 地区 dìqū 명 지역
- 情况 qíngkuàng 명 상황
- 如下 rú xià 동 다음과 같다
- 为 wéi 동 ~이다, ~가 되다
- 大连 Dàlián 지명 다롄
- 哈尔滨 Hā'ěrbīn 지명 하얼빈
- 沈阳 Shěnyáng 지명 선양
- 具体 jùtǐ 형 구체적이다
- 注意 zhùyì 동 주의하다
- 通告 tōnggào 동 명 통지(하다)
- 太原 Tàiyuán 지명 타이위안
- 杨村 Yángcūn 지명 양춘
- 唐山 Tángshān 지명 탕산

체크체크

Q 보기에 주어진 단어를 이용해 빈칸을 채워 보세요.

| 보기 | 满足　具体　注意　情况　需求 |

1. 请（　　）安全。
2. 我们不能满足市场的（　　）。
3. 怎么才能（　　）他的要求呢?
4. 请告诉我们（　　）的（　　）。

본문 내용을 읽은 후, 아래 질문에 답해 보세요.

1. 到沈阳的列车的始发站是：

　① 北京　　② 大连　　③ 太原　　④ 天津

2. 从什么时候开始加开北京-大连的列车？

　① 从春节　② 从二月一日　③ 从二月三日　④ 从二月七日

3. 北京地区为什么加开临时列车？

　① 去春游的人多了

　② 回家过节的人多了

　③ 有了新的列车

　④ 北京是中国的首都

4. 北京-哈尔滨的列车几点到哈尔滨？

　① 18:16　　② 07:15　　③ 11:29　　④ 15:20

5. 请选出与上面不同的内容。

　① 北京-沈阳的列车车票暂停发售。

　② 北京-大连的列车是最快的列车。

　③ 北京-杨村的列车是最慢的列车。

　④ 1133列车第二日到沈阳。

14 火车站　189

맛있는 표현
Y.u.m.m.y.E.x.p.r.e.s.s.i.o.n

1 如

> **…，北京地区新加开临时旅客列车情况<mark>如</mark>下：**
> …, 베이징 지역에 새로 증편되는 임시 여객열차의 현황은 아래와 같습니다:

+ 如는 '만약'이라는 뜻이 있지만, '～와 같다'라는 뜻으로도 많이 쓰인다. 특히 如下(아래와 같다), 如此(이와 같다) 등의 형태로 많이 쓰인다.

▷ 我们的人生就是<mark>如此</mark>。
　우리네 인생이 바로 이와 같다.
　　　　　<small>正이 如 앞에 쓰이면 의미를 강조하여 '바로 ～ 같다'라는 의미가 된다.</small>
▷ <mark>正如</mark>你说的，这件事是很难办的。

[해석]

[단어] 难办 nánbàn 형 처리하기 어렵다

2 自～起

> **<mark>自</mark>2011年2月1日<mark>起</mark>，北京-大连加开T228次列车，…**
> 2011년 2월 1일부터, 베이징-다롄 구간 T228 열차를 증편운행하며, …

+ 自는 전치사로 쓰이면 '～로부터'라는 뜻이며, 起는 동사로 쓰일 때 '일어나다'라는 뜻 외에도 '시작하다'라는 의미가 있어 [自～起]는 '～부터 시작하다'라는 뜻이 된다.

▷ <mark>自</mark>下个月<mark>起</mark>，要坐地铁上班。
　다음달부터는 전철을 타고 출근해야 한다.
　　　　　　　<small>전치사구를 앞에 놓아 강조할 때는 ','(쉼표)를 써야 한다.</small>
▷ <mark>自</mark>2000年<mark>起</mark>，实行实名制。

[해석]

[단어] 实行 shíxíng 동 실행하다

3 为

> …，始发时间为18:16分，终到大连时间为05:42分。
>
> …, 출발시간은 18시 16분, 다롄 도착 시간은 05시 42분입니다.

✚ 为는 2성으로 읽으면, '~가 되다, ~이다'라는 뜻의 동사가 된다. 동사 뒤에서 보어로 쓰일 때는 '~로'라고 해석하면 된다. 为는 주로 문어체에서 많이 쓰인다.

▷ 爱宝乐园的总面积为148万8千平方米。

에버랜드의 총 면적은 148만 8천 평방미터이다.

▷ 列车的始发时刻变更为14:05分。

해석

단어 爱宝乐园 Àibǎo lèyuán [고유] 에버랜드 | 总面积 zǒng miànjī [명] 총면적 | 平方米 píngfāngmǐ [양] 평방미터 | 变更 biàngēng [동] 변경하다

4 止

> 自2011年2月1日起至2月7日止，…
>
> 2011년 2월 1일부터 2월 7일까지, …

✚ 止는 '멈추다, 정지하다, 마감하다'라는 뜻으로, '~까지'라는 뜻을 가진 전치사 到나 至와 함께 쓰여 '~까지 끝나다'라는 형식으로 쓰인다.

▷ 从8月5日起至8月30日止得办理手续。

8월 5일부터 8월 30일까지 수속해야 한다.

为止로 쓰일 수도 있다.

▷ 到这个月为止，我们完成了所有的工作。

해석

단어 手续 shǒuxù [동] 수속하다

 1. 바로 네가 말한 것처럼, 이 일은 처리하기 아주 어렵다. 2. 2000년부터 실명제를 시행하고 있다. 3. 열차 출발시각이 14시 05분으로 변경되었다. 4. 이번 달까지 우리는 모든 일을 다 끝냈다.

TEST 2

Y.u.m.m.y.E.x.p.r.e.s.s.i.o.n

1. 단어를 배열하여 문장을 만들어 보세요.

① 바로 네가 말한 것처럼, 이 일은 아주 처리하기 어렵다.

　件　正　难办　你　的　这　说　事　是　很　的　如

→ _____

② 다음달부터는 전철을 타고 출근해야 한다.

　地铁　月　自　坐　起　要　上班　下　个

→ _____

③ 에버랜드의 총 면적은 148만 8천 평방미터이다.

　8千　面积　的　平方米　总　为　爱宝乐园　148万

→ _____

④ 이번 달까지 우리는 모든 일을 다 끝냈다.

　完成了　所有的　到　为止　我们　工作　这个月

→ _____

⑤ 열차 출발시각이 14시 05분으로 변경되었다.

　变更　时刻　列车　的　为　始发　14:05　分

→ _____

2. 다음 주어진 단어들을 사용하여 열차시각표의 빈칸을 채우고, 안내문을 만들어 보세요.

열차 종류:	좌석 종류:	공지 내용:	열차 시각표:
动车组 特快 快速 普快 普慢	软卧 硬卧 上铺 中铺 下铺	加开 停运 临时旅客列车 暂停发售	车次　　始发站 到达站　经过站 终点站　始发时刻 到达时刻

열차번호	열차유형	출발역	출발시각	경유역	경유역 도착시각	경유역 발차시각	종착역	도착시각
1133	보통열차	太原	15:55	北京	第二日 04:45	04:55	沈阳北	15:17
6463	완행열차	北京	05:39	北京	当天 05:39	05:39	杨村	07:48
D25	고속열차	北京	07:15	北京	当天 07:15	07:15	哈尔滨	15:20

2011년 2월 1일부터 2월 7일까지, 베이징-하얼빈간 D25열차편이 증편운행 됩니다. 출발시각은 07:15분이며, 하얼빈 도착시각은 15:20분입니다.

번역
→ _____

_____

_____

3. 우리말 문장에 맞도록 중국어로 쓰세요. **문장 확장 연습**

❶ 수속하다.
→ _____

❷ 수속해야 한다.
→ _____

❸ 8월 30일까지 수속해야 한다.
→ _____

❹ 8월 5일부터 8월 30일까지 수속해야 한다.
→ _____

列车停运公告 (열차 운행중지 공지)

各位旅客

由于南部地区洪水引起铁路塌方，

因此自8月12日起停运以下列车。

1. 2649次北京-武汉
2. K390次北京-南昌

列车停运给旅客带来不便，请各位旅客谅解！
列车恢复运行时间，请注意车站通告！

▼ 직접 해석해 보고, 모범 해석 확인 후 다시 읽어 보세요.

洪水 hóngshuǐ [명] 홍수 | 引起 yǐnqǐ [동] 초래하다 | 塌方 tāfāng [동] 붕괴되다 | 因此 yīncǐ [접] 이로 인해 |
武汉 Wǔhàn [지명] 우한 | 南昌 Nánchāng [지명] 난창 | 不便 búbiàn [형] 불편하다 |
谅解 liàngjiě [동] 양해하다 | 恢复 huīfù [동] 회복하다

15과 공항
机场

독해
- 외국인 출입국카드
- 출입국심사 안내
- 기내 휴대금지물품

맛있는 표현
1. 将
2. 当~时(候)
3. 在~下
4. 下

공항

중국을 방문할 때 보통 처음 도착하는 곳이 공항입니다. 그만큼 공항에서의 독해는 우리가 반드시 알아 두어야 할 표현이 많이 있습니다. 자칫 독해를 잘못 했다간 번거로운 일이 발생할 수도 있으니까요. 이번 과에서는 항공사 카운터와 안전검사, 세관에서 접하게 되는 독해에 대해 공부해 보겠습니다.

北京의 首都机场 3호 공항
2008년 개장한 신 수도공항. 공중에서 내려다보면 용의 형상을 하고 있으며, 지붕은 용 비늘 모양의 창문으로 되어 있다.

공항 관련 표현 미리 맛보기

1 공항 출입국 절차

出境流程 chūjìng liúchéng 출국절차 | 托运行李 tuōyùn xínglǐ 수하물을 부치다 |
换登机牌 huàn dēngjīpái 탑승권을 바꾸다(탑승 수속하다) |
检验检疫 jiǎnyàn jiǎnyì 검역검사 | 边防检查 biānfáng jiǎnchá 출입국 심사 |
安全检查 ānquán jiǎnchá 안전검사 | 候机及登机 hòujī jí dēngjī 대기 및 탑승 |
入境流程 rùjìng liúchéng 입국절차 | 提取行李 tíqǔ xínglǐ 수하물을 찾다 |
海关检查 hǎiguān jiǎnchá 세관검사

2 출입국 카드 내용

入境卡 rùjìng kǎ 입국카드 | 出境卡 chūjìng kǎ 출국카드 | 护照 hùzhào 여권 |
签证 qiānzhèng 비자 | 国籍 guójí 국적 | 在华住址 zài huá zhùzhǐ 중국 내 주소 |
签证签发地 qiānzhèng qiānfādì 비자 발급지 | 航班号 hángbānhào 항공편명 |
船名 chuánmíng 선박명 | 车次 chēcì 열차번호

예 请准备好您的护照及出境卡。 여권 및 출국카드를 준비해 주세요.

3 입국 사유

会议 huìyì 회의 | 商务 shāngwù 비즈니스 | 访问 fǎngwèn 방문 | 观光 guānguāng 관광 |
休闲 xiūxián 여가를 보내다 | 探亲访友 tànqīn fǎngyǒu 친지 및 친구 방문 |
就业 jiùyè 취업 | 学习 xuéxí 학습 | 返回常住地 fǎnhuí chángzhùdì 거주지로 돌아가다 |
定居 dìngjū 거주(정착) | 其他 qítā 기타

4 휴대금지 물품

枪支 qiāngzhī 총기류 | 爆炸物品 bàozhà wùpǐn 폭발물 | 刀具 dāojù 도검류 |
易燃物品 yìrán wùpǐn 인화성물질 | 易爆物品 yìbào wùpǐn 폭발성 물질 |
液态物品 yètài wùpǐn 액상 물질

예 禁止携带易燃、易爆物品。 인화성, 폭발성 물질의 휴대를 금지합니다.

5 항공좌석 종류

头等舱 tóuděng cāng 퍼스트 클래스 | 商务舱 shāngwù cāng 비즈니스 클래스 |
经济舱 jīngjì cāng 이코노미 클래스

外国人出入境卡

외국인 출국카드 — 출입국 심사관에게 제출하십시오.

外国人出境卡
DEPARTURE CARD
请交边防检查官员查验
For Immigration clearence

姓 Family name [성]
名 Given names [이름]
护照号码 Passport No. [여권번호]
出生日期 Date of birth — 年Year 月Month 日Day — **생년월일**
男 Male / 女 Female [남] [여]
航班号/船名/车次 Flight No./Ship's name/Train No. — **항공편명/선박명/열차번호**
国籍 Nationality [국적]

以上申明真实准确。
I hereby declare that the statement given above is true and accurate.
— **이상은 사실이며 정확함을 증명합니다.**
签名 Signature [서명]

妥善保留此卡, 如遗失将会对出境造成不便。
Retain this card in your possession, failure to do so may delay your departure from China.
请注意背面重要提示。 See the back →
— 이 카드를 잘 보관하세요. 만약 분실하면 출국 시 불편을 초래할 것입니다.
— 뒷면의 중요안내 사항을 주의하세요.

외국인 입국카드 — 출입국 심사관에게 제출하십시오.

外国人入境卡
ARRIVAL CARD
请交边防检查官员查验
For Immigration clearence

姓 Family name [성]
名 Given names [이름]
国籍 Nationality [국적]
护照号码 Passport No. [여권번호]
男 Male / 女 Female [남] [여]
在华住址 Intended Address in China — **중국내 주소**
出生日期 Date of birth — 年Year 月Month 日Day — **생년월일**
签证号码 Visa No. — **비자번호**
签证签发地 Place of Visa Issuance — **비자를 발급한 곳**
航班号/船名/车次 Flight No./Ship's name/Train No. — **항공편명/선박명/열차번호**

入境事由(只能填写一项) Purpose of visit (one only) — 입국사유(오직 한 항목만 기입할 수 있습니다.)
会议/商务 Conference/Business [회의/비즈니스]
访问 Visit [방문]
观光/休闲 Sightseeing/in leisure [관광/여가]
探亲访友 Visiting friends or relatives [친지방문]
就业 Employment [취업]
学习 Study [학습]
返回常住地 Return home [거주지 귀가]
定居 Settle down [거주]
其他 others [기타]

以上申明真实准确。
I hereby declare that the statement given above is true and accurate.
— **이상은 사실이며 정확함을 증명합니다.**
签名 Signature [서명]

出入境边防检查提示

1. 当您办理好机票，通过海关、检验检疫检查手续，来到边防检查区时，请准备好您的护照、签证、登机牌。

2. 准备好护照、签证、登机牌、出境卡后，请您在"蛇形"通道前依次排队等候检查，旅行团成员在领队指领下按照团队名单排队候检。

3. 请注意护照和签证的有效日期，及早办理延长有效期或更换新证的手续。

4. 请在通过边防检查时取下您的帽子、口罩、墨镜，因此给您带来的不便请您谅解。

알아두면 유용한 상식

❶ 车次 (열차번호)
중국은 우리나라와 달리 기차를 통해서도 출입국을 할 수 있다. 북한, 홍콩(외국인이 홍콩에서 중국으로 가려면 출입국 절차를 거쳐야 함), 러시아 등의 지역이 해당된다.

❷ 蛇形通道 (통제라인)
통제라인을 이용해 만들어진 통로로 모양이 구불구불하게 생겨서 '뱀 모양의 통로'라고 불린다.

맛있는 단어
Y.u.m.m.y.W.o.r.d.s

- 将 jiāng 〔부〕 곧 ~할 것이다
- 造成 zàochéng 〔동〕 초래하다
- 申明 shēnmíng 〔동〕 자세히 밝히다
- 准确 zhǔnquè 〔형〕 정확하다, 확실하다
- 通过 tōngguò 〔동〕 통과하다
- 蛇形 shéxíng 〔명〕 S자 모양, 뱀 모양
- 通道 tōngdào 〔명〕 통로
- 依次 yīcì 〔부〕 순서대로, 차례에 따라
- 排队 páiduì 〔동〕 줄 서다
- 等候 děnghòu 〔동〕 기다리다
- 成员 chéngyuán 〔명〕 구성원
- 领队 lǐngduì 〔명〕 인솔자
- 指领 zhǐlǐng 〔동〕 인솔하다

- 团队 tuánduì 〔명〕 단체
- 候检 hòu jiǎn 〔동〕 검사를 기다리다
- 有效日期 yǒuxiào rìqī 〔명〕 유효기간
- 延长 yáncháng 〔동〕 연장하다
- 更换 gēnghuàn 〔동〕 변경하다, 갱신하다
- 取下 qǔxià 〔동〕 떼다
- 口罩 kǒuzhào 〔명〕 마스크
- 墨镜 mòjìng 〔명〕 선글라스

체크 체크

Q 보기에 주어진 단어를 이용해 빈칸을 채워 보세요.

보기: 造成　依次　排队　等候　更换

1. 我们在医院里（　　）检查结果。
2. 这件事（　　）了很大的麻烦。
3. 你的身份证过期了，你得（　　）新的。
4. 买火车票的时候，应该（　　）（　　）。

본문 내용을 읽은 후, 아래 질문에 답해 보세요.

1. 如果出境卡丢了会出现什么情况？

① 被警察抓住   ② 会有点儿麻烦   ③ 没关系   ④ 不会有问题

2. 下面哪一个不是出国时应该准备的？

① 护照   ② 签证   ③ 登机牌   ④ 帽子

3. 填写入境卡以后，要怎么办？

① 放在飞机里

② 交给航空公司的职员

③ 交给边防检查员

④ 交给安全检查员

4. 出境卡里没有的项目是什么？

① 入境事由   ② 护照号码   ③ 国籍   ④ 航班号

5. 请选出与上面不同的内容。

① 在蛇形通道前，要依次排队等候检查。

② 出国前，要注意护照及签证的有效期。

③ 通过边防检查的时候要脱帽子。

④ 旅游团的成员可以随便通过边防检查。

Yummy Expression

1 将

> 妥善保留此卡，如遗失将会对出境造成不便。
> 이 카드를 잘 보관하세요. 만약 분실하면 출국 시 불편을 초래할 것입니다.

➕ 将이 동작 앞에 쓰이면 '곧 ~할 것이다'라는 의미가 되며, 주로 가까운 장래의 일을 표현할 때 쓴다. 때에 따라서 '~할 것이다'라는 의미를 가진 조동사 会나 '~하려고 하다'라는 의미의 조동사 要와 함께 쓰이기도 한다.

▷ 我们都不知道明天将会发生什么事情。 우리는 모두 내일 무슨 일이 발생할지 모른다.
　　　　　　　（미래를 나타내는 시간명사）

▷ 我们的飞机将要起飞。
　해석

 起飞 qǐfēi 동 이륙하다

2 当~时(候)

> 当您办理好机票，通过海关、检验检疫检查手续，来到边防检查区时，…
> 비행기표 수속을 마치고, 해관 및 검역검사수속을 통과하여 출입국심사구역에 오실 때, …

➕ 当~时(候)는 '~할 때'라는 의미로 어떤 일이 발생한 때를 나타내는 표현이다.

▷ 当我决定回国的时候，朋友们都反对。
　내가 귀국하기로 결정했을 때 친구들이 모두 반대했다.

　　　（주어는 주로 当 뒤에 쓰인다.）
▷ 当你成功时，别忘了你的父母。
　해석

 决定 juédìng 동 결정하다

3 在~下

> …，旅行团成员**在**领队指领**下**按照团队名单排队候检。
>
> …, 단체 여행객은 여행 인솔자의 인도하에 단체명단에 맞춰 줄을 서서 심사를 기다리십시오.

✚ '在~下'는 '~하에서'라는 뜻으로, 在와 下 사이에는 추상적인 의미의 명사가 들어간다.

▷ **在**王老师的指导**下**，学生们的英语水平大有进步。
   왕 선생님의 지도하에 학생들의 영어실력이 많이 향상되었다.

  때에 따라 '在~之下'의 형태로도 쓰인다.

▷ **在**朋友们的帮助**之下**，我毕业了。

[해석]

[단어] 指导 zhǐdǎo 명 동 지도(하다)

4 下

> 请在通过边防检查时取**下**您的帽子、口罩、墨镜，…
>
> 출입국 심사를 지나실 때는 여러분의 모자, 마스크, 선글라스를 벗어 주시고, …

✚ 下는 동사 뒤에서 보어로 쓰이면 여러 가지 의미를 갖는다. 본문에서는 동작을 통해서 '분리되다' 혹은 '벗어지다'라는 의미로 쓰였다.

▷ 你摘**下**眼镜，睡一会儿。
   너 안경 벗고 좀 자라.

  때에 따라서는 下来로 쓰인다.

▷ 你把衣服脱**下来**，洗一洗。

[해석]

[단어] 摘 zhāi 동 (안경을) 벗다 | 脱 tuō 동 (옷 등을) 벗다

[해석] 1. 우리 비행기는 곧 이륙하려고 합니다. 2. 네가 성공했을 때, 네 부모를 잊지 말아라.
3. 친구들의 도움 아래, 나는 졸업하게 되었다. 4. 너 옷을 벗어서, 좀 빨아라.

TEST 2

1. 단어를 배열하여 문장을 만들어 보세요.

❶ 우리 비행기는 곧 이륙하려고 합니다.

　　将　飞机　我们　要　的　起飞

→ _____

❷ 내가 귀국하기로 결정했을 때 친구들이 모두 반대했다.

　　朋友们　时候　回国　的　都　我　反对　决定　当

→ _____

❸ 너 옷을 벗어서, 좀 빨아라.

　　洗　把　你　一　衣服　脱　洗　下来

→ _____

❹ 왕 선생님의 지도 하에 학생들의 영어실력이 많이 향상되었다.

　　水平　在　的　指导　学生们　的　进步　英语　大　有　下　王老师

→ _____

❺ 친구들의 도움 아래, 나는 졸업하게 되었다.

　　我　之下　的　帮助　了　在　毕业　朋友们

→ _____

2. 다음 주어진 단어들을 사용하여 출국절차의 빈칸을 채우고, 출입국 심사 안내문을 만들어 보세요.

출입국절차:	출입국카드 내용:	기타:
车入境流程 检验检疫	入境卡	帽子
托运行李 边防检查	出境卡	口罩
换登机牌 安全检查	护照	墨镜
提取行李 候机及登机	签证	取下
海关检查		

❶ 출국절차

탑승수속 → 换登机牌 → 수하물 탁송 → [ ] → 검역검사 → 检验检疫 → 안전검사 → [ ] → 출국심사 → [ ] → 대기 및 탑승 → 候机及登机

❷ 출입국심사 안내문

출입국 심사 구역에 오실 때, 당신의 여권과 비자, 탑승권을 잘 준비해 주시기 바랍니다. 출입국 심사를 통과할 때는 당신의 모자와 마스크, 선글라스를 벗어 주십시오.

번역
➔ _____

3. 우리말 문장에 맞도록 중국어로 쓰세요. **문장 확장 연습**

❶ 일이 발생하다.
➔ _____

❷ 무슨 일이 발생하나요?
➔ _____

❸ 내일 무슨 일이 발생하나요?
➔ _____

❹ 우리는 모두 내일 무슨 일이 발생할지 모른다.
➔ _____

禁止携带登机物品 (기내 휴대금지물품)

中国民用航空局规定，在中国境内乘坐民航班机禁止随身携带或托运以下物品：

1. 枪支（含主要零部件）
2. 爆炸物品，如弹药等
3. 刀具
4. 易燃、易爆物品，如火柴、打火机、酒精等
5. 超出可以随身携带的种类或总量限制的液态物品

▼ 직접 해석해 보고, 모범 해석 확인 후 다시 읽어 보세요.

단어
民用航空局 mínyòng hángkōngjú 민간항공국 | 乘坐 chéngzuò 동 탑승하다 |
随身携带 suíshēn xiédài (몸에) 휴대하다 | 含 hán 동 포함하다 | 零部件 língbùjiàn 명 부품 |
弹药 dànyào 명 탄약 | 火柴 huǒchái 명 성냥 | 打火机 dǎhuǒjī 명 라이터 | 酒精 jiǔjīng 명 알코올

1과 식품마크와 영양성분표
食品标志 及 营养成分表

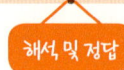
해석 및 정답

각종 식품마크 各种食品标志

생활 수준이 향상됨에 따라, 사람들은 모두 오염되지 않고 안전하며 양질의 영양이 있는 식품을 추구하게 되었다. 식품을 선택할 때는 식품 포장 위의 마크와 영양성분표를 확실히 봐야 한다.

'QS' 마크 'QS'는 영어 'Quality Safety'의 줄임말이며, '품질안전'이라는 뜻이다. 이 마크가 있다면, 이 식품은 품질안전의 기본적인 요구에 부합함을 나타낸다. 국가 규정에 따라 가공식품, 예를 들어 가공육, 유제품, 음료, 향신료, 라면, 과자, 통조림 등은 반드시 'QS' 마크가 있어야 판매를 할 수 있다.

무공해 농산품 마크 무공해 농산품은 유독유해물질을 일정한 범위 내로 규제한 상품이며, 주로 그 안전성을 강조한 가장 기본적인 시장진입의 기준이다. 보통 식품은 모두 이 요구에 도달해야 한다.

녹색식품 마크 녹색식품은 환경보호와 관계 있는 식품으로, 녹색식품의 등급은 '무공해농산품'보다 높다. 물건을 고를 때, 설사 이 마크가 있더라도 포장 위에 'LB'로 시작되는 코드가 없으면 가짜이므로 주의해야 한다.

유기농 식품 이 종류의 식품은 생산가공 과정 중에 인공합성 화학비료, 농약 및 첨가제를 사용할 수 없다. 생산환경과 품질 규제의 요구가 굉장히 엄격하며, 가장 높은 수준의 안전식품이다.

○○콜라 영양성분표 ○○可乐营养成分表

재료: 물, 백설탕, 식품첨가제(이산화탄소, 카페인), 식용향료

영양성분표:

항목	100밀리리터 당	영양소 참고치
열량	180 킬로줄	2%
단백질	0 그램	0%
지방	0 그램	0%
탄수화물	10.6 그램	4%
나트륨	12 밀리그램	1%

생산일자는 캔 하단에 표기되어 있으며, 품질보증기간은 18개월입니다.
가열 및 0℃ 이하 냉동을 하지 마시고, 직사광선 및 고온을 피하십시오.
차게 마시면 맛이 더욱 좋습니다.

체크체크

1. 他 (强调) 我们应该团结。
2. 我们要 (追求) 完美。
3. 他太激动, (控制) 不了自己。
4. 食品生产应该 (符合) 国家食品安全 (规定)。

TEST 1

1. ④ 2. ③ 3. ③ 4. ② 5. ①

TEST 2

1. ① 随着科学的发展,我们的生活也越来越方便。
   ② 该产品是本公司畅销产品之一。
   ③ 据当地新闻报道,今天早上发生了爆炸事件。
   ④ 即使你不同意,我也要回国。
   ⑤ 即使条件再好,我都不愿意在那儿工作。

2. ① 蛋白质 / 脂肪 / 碳水化合物 / 钠
   ② 生产日期 / 保质期
   ③ 加热 / 冷冻 / 阳光直晒 / 高温

3. ① 改变了不少。
   ② 观念也改变了不少。
   ③ 人们对爱情的观念也改变了不少。
   ④ 随着时代的改变,人们对爱情的观念也改变了不少。

청대두 영양성분표
青豆营养成分表

항목	매 봉지 당
열량	613 킬로줄
단백질	8.1 그램
지방 총량	2.6 그램
- 포화지방	0.8 그램
- 트랜스지방	0 그램
탄수화물	25.8 그램
나트륨	260 밀리그램
칼슘	15.4 밀리그램

생산일자는 포장 위에 표기되어 있으며, 이 날짜 2011年/08月/08日 전(에 드시는 것)이 가장 좋습니다.
서늘하고 건조한 곳에서 보관하시고, 직사광선 및 고온을 피하십시오.
개봉 후에는 곧바로 드십시오.

2과 이력서와 자기소개서
履历表与求职信

자기소개서 1 求职信

존경하는 ○○회사 인사부 담당자께:
안녕하세요!
저는 2010년 6월에 베이징 ○○대학을 곧 졸업할 예정이며, 전공은 일본어입니다. 대학 4년 동안, 내실 있는 전공이론의 기초를 다졌으며, 양호한 조직능력과 단체협동정신을 키웠습니다.

★ 이론학습
성실히 전공지식을 학습했으며, 다양의 일본어 서적을 읽었습니다. 동시에 경제, 법률 등 분야의 비전공 지식에 대해서도 흥미가 많이 있습니다. 재학기간 중, 제5회 전국대학생 일본어 변론대회 1등을 수상했습니다.

★ 단체협동
학생회 구성원 및 반장 등의 직무를 맡은 적이 있습니다. 학교 MT 등 활동을 여러 차례 조직했었고, 교수님들과 동학들로부터 좋은 평가를 받았으며, '베이징 ○○대학 모범학생상' 및 '우수학생간부상'을 받았습니다.

★ 사상교양
품행이 우수하고, 사상이 진보적이며, 성실과 믿음, 예절, 지혜의 행동원칙을 중시합니다. 재학기간 중, 영광스럽게도 중국공산당에 가입했습니다.

★ 사회실습
재학기간 중에 여러 차례 기업실습에 참가했으며, 특히 베이징 ○○무역회사, 톈진 ○○해운회사 및 톈진 ○○번역회사에서 실습하면서, 사회실습 능력을 한층 강화했습니다.

바쁘신 가운데서도 시간을 내어 저의 자기소개서를 읽어 주셔서 감사합니다. 만약 면담을 할 기회가 있다면, 정말 감사하겠습니다. 귀사의 일원이 될 수 있기를 기대하고 있습니다.
여기서 마치겠습니다. 감사합니다.

○○무역회사 이력서 ○○贸易公司简历表

기본사항

성명	陆小雨	성별	여	출생년월	1987. 7. 4	사진
현 주소	베이징	정치현황	공산당원	키	168 cm	
연락처	134-7878-5656					

학력사항

졸업학교	베이징 ○○대학	졸업시기	2010. 6. 24
최종학력	본과	2010년 베이징 ○○대학 일본문학과 일본문학 전공 졸업	

구직의향

구직유형	정규직	희망직위	통역원
희망지역	베이징	희망연봉	4,000 위엔

기타

외국어능력	영어 PETS 4급 / 일본어 JPT 1급	컴퓨터능력	office 프로그램 사용 능숙
사회실습	베이징 ○○무역회사, 톈진 ○○해운회사, 톈진 ○○번역회사에서 실습		
수상경력	2009년 5월 '베이징 ○○대학 모범학생상' 및 '우수학생간부상' 수상 2009년 10월 제5회 전국대학생 일본어 변론대회 1등상 수상		

체크체크

1. 这次比赛当中，她们（ 获得 ）了金牌。
2. 这次文化交流为两国关系（ 奠定 ）了良好的基础。
3. 老师（ 组织 ）了学生会。
4. 我们都（ 期待 ）他（ 担任 ）这一届学生会主席。

1. ③ **2.** ① **3.** ④ **4.** ② **5.** ②

1. ① 两国首脑于10月5号上午在北京进行会谈。
   ② 你所知道的都是假的。
   ③ 我曾经学过法语，可以帮你翻译。
   ④ 我喜欢看运动比赛，尤其是棒球比赛。
   ⑤ 我们班的同学们成绩都很好，尤其是她。

2. 현 주소: 现所在地   정치현황: 政治面貌
   졸업학교: 毕业院校   최종학력: 最高学历
   구직유형: 求职类型   희망직위: 应聘职位
   희망지역: 期望地点   희망연봉: 期待薪资

3. ① 优秀的学生
   ② 我们学校最优秀的学生
   ③ 他是我们学校最优秀的学生。
   ④ 他曾是我们学校最优秀的学生。

자기소개서 2 求职信

본인은 2011년 6월에 상하이 ○○대학을 졸업할 예정이며, 비즈니스 외국어를 전공함과 동시에 국제경제 및 무역, 금융학, 재무와 관리, 인재자원관리 등, 비즈니스와 관련된 과정을 선택 이수했습니다.

재학기간 동안 적극적으로 광고동아리 활동에 참가하여, 동아리 회장을 맡기도 했습니다. 여러 차례 기업실습에 참가하였으며, 특히 상하이 ○○광고회사에서 실습하면서, 본인의 사회 실습능력을 한층 강화했습니다.

본인의 성격은 쾌활하며, 비교적 좋은 대인관계를 맺고 있으며, 업무태도는 열정적으로 몰두하며, 중간에 그만두지 않고, 성실하게 책임을 지는 자세로 임합니다.

3과 레시피 烹饪法

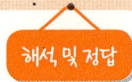
해석 및 정답

마파두부 레시피
麻婆豆腐的做法

재료:
부드러운 두부(500g), 다진 소고기(150g), 말린 고추(15개), 다진 생강(반 큰 술), 전분(1/2 큰 술)

마라 소스:
두반장(2 큰 술), 간장(1 큰 술), 백설탕(1/2 큰 술), 맛 술(1/2 큰 술), 산초가루(1 큰 술), 조미료(1/3 큰 술), 소금(1/5 큰 술), 맑은 물(1/2 컵)

요리법:
1. 부드러운 두부는 각지게 썰고, 마른 고추는 채를 썬다. 전분 1/2 큰 술과 맑은 물 3 큰 술을 고르게 섞어서 전분수로 만든다.
2. 물 반 솥을 끓여서, 소금 1 큰 술을 넣는다. 두부 덩어리를 끓는 물 속에 넣고 30초간 데친 뒤 꺼내어, 물기를 제거하고 쓸 수 있도록 준비한다.
3. 빈 공기를 하나 꺼내어 마라소스의 모든 양념을 넣고 고르게 섞어서 마라소스를 만든 뒤 놓아둔다.
4. 식용유 3 큰 술을 가열한 뒤 약한 불로, 다진 생강과 말린 고추를 볶고, 다진 소고기를 넣어 고기 색깔이 변할 때까지 흩어 주면서 볶는다(잘 볶아 준다).
5. 마라소스를 넣고, 다진 소고기와 함께 고르게 잘 섞으면서 볶다가, 펄펄 끓을 때까지 졸인다.
6. 두부 덩어리를 넣고 가볍게 잘 섞고, 전분수를 넣어 걸죽하게 만든다. 산초가루 1/2 큰 술을 뿌리면 바로 접시에 담을 수 있다.

기타: 만약 빠르고 편리한 것을 추구한다면, 마트에서 파는 양념을 사용해서 끓이면 된다.

팁
1. 두부를 각지게 썰고 나서, 소금을 넣은 끓는 물에 넣어서 데쳐야 하는데, 첫째는 콩 비린내를 제거할 수 있고, 둘째는 두부를 요리할 때 쉽게 부서지지 않게 할 수 있기 때문이다.
2. 두부를 각지게 썰 때 두부의 모양이 잘 만들어지게 하려면, 가능한 칼을 안정되게 잡고 손을 가볍게 한다.

✓체크✓체크

1. 别的女孩都羡慕她的皮肤很（ 嫩 ）。
2. 将西红柿洗干净（ 待用 ）。
3. 打开网站,（ 即可 ）查到有关信息。
4. （ 以 ）大火（ 烹调 ）, 就可享受这道菜的原味。

TEST 1

1. ③
2. ①
3. ②
4. ②
5. ④

TEST 2

1. ① 一来你没有还钱的能力，二来因为家人都反对。
   ② 王老师的话使我们很感动。
   ③ 你尽量想办法解决这个问题。
   ④ 他每天弄得我的房间很脏。
   ⑤ 他把这件事弄得乱七八糟。

2. ① 将1/2汤匙淀粉和3汤匙清水调匀，做成淀粉水。
   ② 加入麻辣酱汁的所有调料拌匀。
   ③ 倒入牛肉末炒散至肉变色。

3. ① 面对这件事。
   ② 能够面对这件事。
   ③ 使我能够面对这件事。
   ④ 你们的鼓励使我能够面对这件事。

토마토 계란볶음
西红柿炒鸡蛋

재료:
계란 3개, 토마토 150g, 식물성 식용유 4 큰 술, 소금, 미원, 설탕 1 큰 술

요리법:
1. 토마토를 깨끗이 씻은 뒤, 뜨거울 물에 데친다. 껍질과 꼭지를 제거하고, 얇게 썰어 놓아둔다.
2. 계란을 깨서 그릇에 넣고, 소금을 넣은 뒤, 젓가락으로 충분히 저어 놓아둔다.
3. 프라이팬에 식용유 3 큰 술을 넣고 가열한 뒤, 계란을 팬에 넣고 볶아서 익힌 뒤 (그릇에) 담아놓는다.
4. 남은 기름을 가열하고, 얇게 썬 토마토를 넣어 살짝 볶은 뒤, 소금과 설탕을 넣고 조금 볶다가, 계란을 넣고 몇 번 뒤집으면서 볶다가 담아내면 된다.

4과 계약서 合同书

해석 및 정답

주택임대 계약서 1
租房合同书

계약체결 쌍방:
임대인 : 궈징, 이하 갑이라 약칭
임차인 : 저우보어퉁, 이하 을이라 약칭
《중화인민공화국경제계약법》 및 관련 규정에 의거하여, 갑, 을 쌍방의 권리의무 관계를 명확히 하기 위해, 쌍방의 협의일체를 거쳐 본 계약을 체결한다.

제1조
갑은 자신이 소유한 베이징시 자오양구 자오양공원 서리 북구 4동 2단원 101호에 위치한, 건축면적 120평방미터, 사용면적 100평방미터, 유형 가정용, 구조등급 1급, 상태등급 대체로 양호한 주택을 을에게 주거용으로 임대한다.

제2조 임대차 기한
임대차 기한은 총 24개월이며, 갑은 2010년 10월 15일부터 임대할 주택을 을이 사용할 수 있도록 인도하며, 2012년 10월 14일에 회수한다.

제3조 임대료 및 임대료 지불기한
갑을 쌍방은 월 임대료를 5,000위엔으로 정하고, 을은 매월 15일에 갑에게 지불한다. 선지불 후 사용한다. 갑은 임대료를 수취할 때, 반드시 세무기관이 감독하는 영수증을 작성해야 하며, 그렇지 않을 경우, 을은 지불을 거부할 수 있다.
……

제6조 위약책임
1. 을이 기한을 넘겨 임대료를 지불할 경우, 임대료 외에 임대료의 1%를 일수로 계산하여 갑에게 위약금을 지불한다.
2. 갑이 을에게 받는 임대료 이외의 비용은, 을이 거부할 권리가 있다.
3. 본 계약의 기한이 만료된 후, 만약 을이 갑의 동의를 거치지 않고, 계속 이 주택을 사용할 경우, 을은 임대료의 4%를 일수로 계산하여 갑에게 위약금을 지불해야 하며, 갑은 여전히 계약을 종결할 소송권을 가진다.
……

제8조 쟁의해결의 방식
본 계약의 이행 중 쟁의가 발생하면, 쌍방은 협의하여 해결해야 한다. 협의가 이루어지지 않을 때는 어느 측이든지 주택임대차관리국에 조정을 신청할 수 있으며, 조정이 효력이 없을 시에는, 시 공상행정관리국에 중재를 신청할 수 있으며, 인민법원에 기소할 수도 있다.

체크 체크
1. 你要（ 明确 ）人生的方向。
2. 我们都有纳税的（ 义务 ）。
3. 我跟他（ 签订 ）了买卖房子的合同。
4. 虽然现在是21世纪，但学校（ 仍 ）（ 规定 ）学生不能染发。

TEST 1

1. ④ 2. ③ 3. ① 4. ④ 5. ③

TEST 2

1. ❶ 请按照说明书使用，否则会发生安全事故。
   ❷ 你必须处理好这个问题，否则公司会炒你的。
   ❸ 未经学校同意，不得使用操场。
   ❹ 若发生问题，我们不负任何责任。
   ❺ 会员均可以享受本中心所有的服务。

2. ❶ 甲乙双方 / 租金5,000元 / 乙方在每月15日 / 甲方
   ❷ 期满 / 乙方未经甲方 / 向甲方交付违约金
   ❸ 合同在履行中如发生争议

3. ❶ 自己的未来
   ❷ 选择自己的未来。
   ❸ 有权利选择自己的未来。
   ❹ 任何人都有权利选择自己的未来。

주택임대 계약서 2
租房合同书

제4조 임대차 기간의 주택보수 및 장식
주택을 보수하는 것은 갑의 의무이다. 갑은 임대주택 및 그 시설에 대해 마땅히 정기적으로 검사해야 하며, 누수와 침수가 생기지 않고, 3통(가내 상수도, 하수도, 조명전기의 흐름이 원활하게 함)과 문, 창문의 상태가 좋도록 즉시 보수함으로써, 을의 안전하고 정상적인 사용을 보장해야 한다.
갑이 주택을 보수할 때, 을은 마땅히 적극 협조해야 하며, 시공을 방해해서는 안 된다.

5과 컴퓨터: 특수키의 절묘한 활용
电脑：特殊键的妙用

Shift 키의 절묘한 활용
Shift键的妙用

Shift 키는 우리가 자주 사용하지만, 어떤 기능들은 아마도 절대 모를 것입니다. 아래에서 우리는 Shift 키의 몇 가지 활용에 대해 이야기해 보겠습니다.

1. 당신이 QQ로 다른 사람과 채팅을 할 때, 혹시 어떤 때는 정보를 보내는 속도가 너무 느리지 않았습니까? 괜찮습니다. 당신이 정보를 보낼 때 Shift 키를 누르기만 하면, 아주 빨리 발송이 됩니다!
2. 당신이 많은 창을 열어놓고, 하나하나 그 창들을 닫으려고 할 때, 아주 번거롭지 않았습니까? Shift 키를 누른 채로 다시 닫음 버튼을 클릭하면, 모든 창이 한번에 닫힐 것입니다.
3. 대소문자를 입력할 때, Shift 키를 누른 채로 다시 자모를 치면 대소문자를 바꿀 수 있습니다.
4. 어떤 프로그램을 깔고 나면, 어떤 때는 컴퓨터를 다시 부팅해야 하는데, 먼저 Shift를 누르면 재부팅을 건너뛸 수 있어 많은 시간을 절약할 수 있습니다!
5. 여러 개의 파일을 선택할 때, 먼저 첫 번째 파일을 선택한 다음 Shift 키를 누른 채로 다시 마지막 파일을 선택하면, 한번에 여러 개의 파일을 선택할 수 있습니다.
6. Shift 키를 누른 채로 파일을 삭제하면, 휴지통을 거치지 않아도 됩니다.

ESC 키의 절묘한 활용 ESC键的妙用

일반 사용자에게 있어서, 키보드 좌측 상단에 위치한 Esc 키는 결코 자주 사용하지 않는데, 그러나 알고 계십니까? 사실 Esc 키의 도움을 받으면, 빠른 조작을 많이 할 수 있습니다!

1. 인터넷에 접속할 때, 만약 어떤 사이트 주소를 잘못 눌렀다면, 직접 Esc 키를 눌러 그 페이지가 열리는 것을 정지시킬 수 있습니다.
2. 인터넷을 할 때 항상 ID 등을 기입할 수 밖에 없는데, 만약 잘못 기입했다면, Esc 키를 눌러 입력란 내의 모든 내용을 깨끗이 제거할 수 있습니다. 그리고 글자를 칠 때, 글자를 잘못 쳤다면, Esc키를 눌러서 잘못 친 글자선택란을 제거할 수 있습니다.
3. 어떤 프로그램이 최소화 상태이고, 당신이 다시 그 프로그램을 다시 원래 위치로 회복시키고 싶을 때에는, Alt+Esc 키를 누르면 되며, 마우스로 표제란을 클릭하지 않아도 됩니다.
4. '취소항목 창이 뜰 때, 만약 당신이 취소를 선택하고 싶다면, 바로 Esc 키를 눌러 '취소시킬 수 있습니다.

체크 체크

1. 我们（重新）建立了关系。
2. 他的身体好多了，但是还没完全（恢复）。
3. 他们公司（位于）北京朝阳区。
4. 使用这些（功能），可以（节省）很多时间。

1. ③ 2. ④ 3. ② 4. ③ 5. ①

1. ① 你不要跟他结婚，他并不爱你。
   ② 王某在图书馆丢了一个钱包。
   ③ 我们都以为她喜欢泡菜，其实她并不喜欢。
   ④ 我们的人生很短，也免不了面对死亡。
   ⑤ 你们这样决定，免不了会出问题的。

2. ① 打开文件夹 / 一个文件
   ② 双击文件
   ③ 按取消按钮
   ④ 安装新的软件 / 重新启动

3. ① 有问题。
   ② 在学习方面有问题。
   ③ 某些学生在学习方面有问题。
   ④ 我觉得某些学生在学习方面有问题。

 바이러스 제거방법 杀毒方法

[질문]
최근 제 컴퓨터가 바이러스에 걸린 것을 발견했는데, 어떻게 바이러스를 제거해야 할지 모르겠습니다.

[최우수 답변]
일반적인 경우, 백신 프로그램이 목마프로그램의 명칭을 여러분께 알려줄 수만 있다면, 분명 (바이러스 프로그램을) 식별하고 제거할 수 있을 것입니다.
목마바이러스(트로이/백도어 등)는 일반적인 경우 모두 비교적 끈질기며, 일반모드에서는 깨끗이 제거하기가 어렵습니다. 목마바이러스는 바이러스파일을 숨기고, 기타 시스템파일을 감염시키기 쉽습니다.
바이러스 제거방법: 먼저 컴퓨터를 재부팅하고, 안전모드로 들어가서, 다시 당신의 백신 소프트웨어를 가동시키고, 스캔을 한 번 하면 됩니다.

6과 표어와 안내문 标语和温馨提示

 각종 표어
各种标语

흡연금지
안전에 주의하세요.
바닥이 미끄러우니 조심하세요.
문에 기대지 마세요! 손잡이를 꼭 잡으세요!
어서 오세요! 지폐는 그 자리에서 확인하세요.
계산대를 벗어나면 일절 책임을 지지 않습니다. 협조에 감사드립니다.
술과 음료, 식품 휴대를 사절합니다.
만약 밖에서 가져오시면, 추가로 20위엔 팁을 받습니다.
모두 환경보호에 참여하여, 문명사회를 함께 이룩합시다!
쓰레기를 함부로 버리지 마세요. 우리 동네가 더 아름다워지도록!

○○대학 기숙사 안전공지
○○大学宿舍安全提示

1. 방 안에 들어갈 때는, 방문을 여닫는 동작을 조심하여, 서로 배려합시다.
2. 화장실을 사용할 때는, 바닥이 미끄러우니 넘어지지 않게 조심하여, 안전에 주의합시다.
3. 누전으로 인한 인명피해나 화재의 발생을 방지하기 위하여, 기숙사 내에서 함부로 전원을 연결하는 것을 엄금합니다.
4. 실내에서 흡연하지 마세요. 실내에서 흡연한 사람은 벌금 500위엔입니다.
5. 계단을 오르내릴 때에는 우측으로 통행하여, 서로 부딪치지 않도록 합시다.
6. 유리 창문을 열고 닫을 때, 동작은 가볍게 밀고 당겨서, 창문이 고장 나서 떨어져 타인을 다치게 하는 일이 없도록 합시다.
7. 시간에 맞춰서 끓인 물을 받고, 화상을 입지 않도록 조심합시다.
8. 상층 침대를 쓰는 학우는 침대를 오르내릴 때, 안전에 주의하여 넘어지지 않도록 합시다.
※ 기숙사의 아름다운 환경을 위하여, 쓰레기를 함부로 버리지 맙시다.

체크체크

1. 乱扔垃圾，（ 罚款 ）1000元。
2. 老师也（ 参与 ）我们的环保活动。
3. 你家漏水（ 引发 ）了很大的问题。
4. 不要（ 损坏 ）公共用品。

 **TEST 1**

1. ②
2. ①
3. ③
4. ③
5. ③

 **TEST 2**

1. ① 请勿转贴博客里的内容。
   ② 他天天喝酒，大家都担心他。
   ③ 别扔烟头，以防发生火灾。
   ④ 在香港，车要靠左行驶。
   ⑤ 他家靠着海边，风景很美丽。

2. ① 禁
   ② 滑
   ③ 勿
   ④ 抓紧
   ⑤ 离柜
   ⑥ 谢绝 / 加收

3. ① 照顾您的小孩。
   ② 请照顾好您的小孩。
   ③ 请上下电梯时照顾好您的小孩。
   ④ 请上下电梯时照顾好您的小孩，以防发生意外。

 알려드립니다
温馨提示

학우 여러분께:
　도서관 로비는 소리가 심하게 울린다는 것을 반드시 주의하세요. 작은 소리에도 타인의 학습에 영향을 끼칠 수 있습니다. 우리 모두 조용한 환경을 유지하고, 문명을 중시하여, 이상적인 열람환경을 함께 만들어 갑시다. 협조에 감사드립니다.

　　　　　　　　　　○○대학 도서관장 2011년 5월 10일

7과 사람찾기 광고 寻人启事

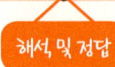

 사람찾기 광고 1
寻人启事

小龙女(여)
1993년 8월 출생, 베이징 사람.
키 1m65cm, 몸매가 날씬함.
길쭉한 얼굴에 쌍꺼풀이 있고, 콧등이 높으며, 목에 붉은 반점이 있음.
성격이 내성적이고, 말수가 적음.

2010년 7월 30일, 리우더화를 따라다니기 위해 집을 나감.
집을 나갈 때, 빨간색 바탕에 흰색 줄무늬가 있는 원피스를 입고 있었음.

만약 小龙女를 알고 계신 분이 있다면, 龙 선생에게 연락해 주시기 바랍니다.
가족들이 크게 사례하겠습니다.

小龙女, 네가 만약 이 글을 본다면, 가능한 빨리 가족들에게 연락해줘! 가족들이 모두 애타게 너를 기다리고 있다!

연락전화: 123-4567

小龙女는 왜 집을 나갔는가?
小龙女为什么离家出走?

　小龙女는 평범한 여자아이였다. 그녀는 본래 부모님께 효도하고, 부모님 말씀을 아주 잘 들었다. 학교에서 그녀는 비록 내성적이고, 말수가 없는 여자아이였지만, 그녀는 친구들을 돕는 것을 좋아해서, 반 친구들 모두 그녀를 좋아했다. 어느 날, 그녀는 친구와 함께 리우더화의 베이징콘서트에 참석하면서, 그녀의 모든 것이 바뀌게 되었다. 이때부터 그녀는 완전히 리우더화에게 빠지게 되었다. 어느 날 그녀의 아버지는 그녀가 콘서트를 보러 가지 못하게 했는데, 그녀는 바로 화를 내며, 아버지의 돈을 훔쳐 집을 나갔다.

체크체크
1. 他们在 (焦急) 地等待消息。
2. 他的性格很 (内向), 不喜欢跟别人聊天。
3. 请 (尽快) 解决这个问题。
4. 有什么事情, 请跟我们 (联系)。

1. ①
2. ②
3. ②
4. ④
5. ③

1. ① 他们都为这件事高兴。
   ② 我与这件事无关。
   ③ 若错过这次机会, 你一定会后悔的。
   ④ 天若有情, 会让你们再会。
   ⑤ 从此以后, 你别再喝酒了。

2. ① 短发, 方脸, 后嘴唇, 身材高大, 脸上有疤痕, 穿着蓝底有白色条纹的衣服。
   ② 卷发, 鹅蛋脸, 高鼻梁, 比较苗条, 穿着白底有粉红色花纹的衣服。

3. ① 你们要注意。
   ② 你们要注意一件事。
   ③ 你们还要注意一件事。
   ④ 除此以外, 你们还要注意一件事。

 사람찾기 광고 2
寻人启事

杨过(남)
1991년 2월 출생, 상하이 사람.
키 1m80cm, 체격이 건장하고, 길고 각진 얼굴.
10살 때 다쳐서 오른쪽 얼굴에 3cm 정도의 흉터가 있음.
성격이 외향적이고, 사람들과 사귀는 것을 좋아함.

2010년 대입고사 이후, 성적 때문에 고민하다 집을 나감.

만약 杨过를 알고 계신 분이 있다면, 杨 선생에게 연락해 주시기 바랍니다. 가족들이 크게 사례하겠습니다.

杨过, 네가 만약 이 글을 본다면, 가능한 빨리 가족들에게 연락해줘. 가족들이 모두 너를 애타게 기다리고 있다!

연락전화: 234-5678

8과 물건찾기 광고 寻物启事

 물건찾기 광고(노트북)
寻物启事(手提电脑)

　　5월 3일(금요일) 오후 4시 30분, 제가 학교 도서관 열람실에서 자료를 찾을 때, 부주의하여 옆에 빨간색의 노트북 가방을 분실했습니다. 안에는 초박형의 검은색 노트북이 있으며, 위에는 삼성 로고가 인쇄되어 있습니다. 아버지께서 출장 때 친히 한국에서 사오신 것입니다. 안에는 또 쪽지 한 장이 붙여져 있습니다. 저는 줄곧 이 컴퓨터로 졸업논문을 썼기 때문에, 만약 찾지 못한다면, 졸업논문을 제출할 수 없기 때문에 지금 굉장히 조급합니다. 발견했거나 습득한 학우는 저에게 연락해 주세요. 반드시 사례하겠습니다.

연락전화 : 888-8080

분실물 습득 광고 招领启事

　　학교 교무처에서 몇 가지 물품을 대신 보관하고 있으니, 아래 물품을 분실한 학생들은 사무동 405호실로 와서 자신의 물품을 찾아 가기 바랍니다.

1. 갈색 책가방(안에는 철학책 한 권과 소설책 한 권이 있음)
2. 노트북컴퓨터(위에는 삼성 로고가 인쇄되어 있음)
3. 담황색의 다이어리(안에는 사진이 한 장 끼워져 있음)

※ 반드시 자신의 신분증 또는 학생증을 지참해야 함.

체크 체크

1. 如果（ 拾到 ）别人的东西，请交给教务处。
2. 明天有毕业考试，学生们都（ 十分 ）紧张。
3. 请让我（ 查 ）一下资料。
4. 我（ 不慎 ）将新的手机（ 丢失 ）了。

 TEST 1

1. ④
2. ③
3. ③
4. ②
5. ④

 TEST 2

1. ❶ 他明天或者后天会到学校报名的。
   ❷ 他没将资料交给我。
   ❸ 桌子上放着一本书。
   ❹ 他这么努力学习，必定会考上好大学的。
   ❺ 你问老师或同学都可以。

2. ❶ 深蓝色，又细又长的圆珠笔，上面贴着我的名字。过生日时朋友送给我的。
   ❷ 上面挂着深红色宝石的项链，是奶奶留给我的。

3. ❶ 他到学校报名。
   ❷ 他会到学校报名的。
   ❸ 他明天会到学校报名的。
   ❹ 他明天或者后天会到学校报名的。

 물건찾기 광고(금목걸이)
寻物启事(金项链)

　　6월 1일 개교기념일 오후 5시 정도에, 제가 운동장에서 학우들과 축구를 할 때, 부주의로 금목걸이를 분실했습니다. 위에는 짙은 빨간색의 보석이 달려 있습니다. 보석 위에는 제 할머니의 존함이 새겨져 있습니다. 할머니께서 돌아가실 때 제게 물려주셨기 때문에, 이 목걸이는 제게 아주 중요합니다. 발견했거나 습득한 학우는 제게 연락해 주세요. 반드시 사례하겠습니다.

연락전화 : 887-8787

9과 채용광고 招聘启事

 채용(○○인터넷주식회사)
招聘(○○网络有限公司)

능력만 있다면 무대가 있습니다!
여러분 자신의 무대를 펼치세요!

○○인터넷주식회사에서 지금 아래와 같은 인재를 모집합니다.

영업부문 2명

요구사항:
1. 컴퓨터과 및 경제학과 본과 이상의 학력
2. IT업계 2년 이상의 영업경험 구비
3. 비교적 뛰어난 소통능력
4. 25세 이상 남자에 한함

대우:
급여 기본급 2,000위엔 / 기숙사 무료제공

사장 비서 1명

요구사항:
1 미국대학 컴퓨터과 본과 뜨는 이상의 학력
2. IT업계 5년 이상의 업무경험 구비
3. 비교적 뛰어난 영어회화능력 및 문서표현 능력
4. 28-32세 남성에 한함

대우:
급여 기본급 4,000위엔

연락전화: 123-4567

회사소개 公司简介

○○인터넷주식회사는 중국에서 가장 주요한 인터넷 컨텐츠 공급업체 중의 하나이며, 현재 그룹에서 太平洋 컴퓨터사이트를 비롯하여, 腾讯 뉴스사이트, 大胜 게임사이트, 天娱 오락사이트, 九龙 영화사이트를 포함한 5개 종합 포털 사이트를 운영하며, 각각 다른 업계의 관련 정보를 제공하고 있습니다. 2010년 5월, 太平洋 컴퓨터 사이트는 개인 가입자가 4,000만 명을 초과했으며, 웹페이지 검색 횟수가 약 6억 회에 이릅니다.

체크 체크

1. 他在这次比赛中（ 展现 ）了自己的实力。
2. 我真不知道怎样向你（ 表达 ）我的心情。
3. 学校为我们（ 提供 ）了比较好的宿舍。
4. 他一直（ 从事 ）旅游（ 行业 ）。

 TEST 1

1. ③
2. ④
3. ③
4. ④
5. ③

 TEST 2

1. ① 只要努力学习，就能考上大学。
   ② 公司为我提供宿舍及汽车。
   ③ 我们餐厅免费提供饮料。
   ④ 请告诉我时间、地点及联系号码。
   ⑤ 世界上没有无用之人。

2. ① 财务部门: 大专以上的学历，具备财务部门三年以上的工作经验。
   具备沟通能力及协调能力，限北京本地人。
   ② 服务部门: 高中以上的学历，五官端正，身高1.60米以上。
   限20周岁以上。

3. ① 我们出去吧。
   ② 我们出去玩儿吧。
   ③ 明天天气好，我们就出去玩儿吧。
   ④ 只要明天天气好，我们就出去玩儿吧。

 모집(쇼핑도우미)
招聘(导购员)

요구사항:
1. 고졸 이상의 학력
2. 용모가 단정하고, 좋은 인상
3. 의류판매 1년 이상의 경험 구비
4. 만 30세 이하의 여성에 한함

대우:
점심 무료제공
급여 기본급 1,000위엔

연락전화: 878-5656

10과 쇼핑광고 购物广告

 쇼핑광고 1 购物广告

太平백화점 10주년 경축행사
6월 1일부터 6월 7일까지 7일 간의 즐거움!

가격대비 초대박 상품! 다섯 가지 다채로운 행사!

1. 500위엔 구매 시 300위엔을 드립니다.
   500위엔 구매 시 300위엔 구매권을 바로 드립니다.

2. 행운 대추첨, 당첨률 100%
   당일 누계 구매액 100위엔당 1장의 추첨권을 드립니다.
   • 특등상: 3D TV 1대
   • 1등상: 벽걸이 에어컨 1대
   • 2등상: 전자동 세탁기 1대
   • 3등상: 자전거 1대

3. 전 매장 80~20% 할인

4. 매일 100개의 사은품 선착순 증정

5. 회원 구매 시, 2배 적립

특별행사:
6월 5일 본점 1층에서 한국 웨딩쇼 진행!

太平회원카드 소개 太平会员卡简介

'太平회원카드'는 太平백화점의 구매혜택카드입니다. 고객께서 이 카드로 구매, 결제하시면, 적립 및 사은품을 받으실 수 있습니다. 동시에 이 카드를 소지한 고객께서는 매장 내의 할인 등 각종 혜택을 누리실 수 있습니다. 저희는 또한 太平회원들을 위하여 특급 서비스를 제공해 드립니다. 고객들께서는 직접 안내데스크에서 실시간으로 e카드를 조회하실 수 있어, 소비자들께서 더 편하고 유쾌하게 쇼핑하실 수 있도록 하였습니다.

체크 체크
1. 今天晚上我们看了一部（ 精彩 ）的电影。
2. （ 超值 ）商品，等你来买。
3. 他有（ 无限 ）的想象力。
4. （ 累计 ）300分以上，将获得一（ 份 ）礼物。

 TEST 1

1. ③
2. ④
3. ①
4. ④
5. ②

 TEST 2

1. ① 我今天中了大奖。
   ② 付了钱后，即可带走。
   ③ 当地时间6点30分抵达北京机场。
   ④ 你妈妈当年是学校的校花。
   ⑤ 他说出了自己的心事。

2. ① 夏季特卖会，全场大减价！买300送100。会员双倍积分。
   ② 儿童节特卖会，全场八折！满100减20。会员优惠，买300即送抽奖券。

3. ① 拿出作业。
   ② 拿出自己的作业。
   ③ 大家都拿出自己的作业。
   ④ 大家都拿出自己的作业给我看。

 쇼핑광고 2 购物广告

하계 특별세일

전 매장 폭탄 세일!
여름용품 300위엔당 100위엔 할인
여성의류 전 매장 50% 할인

8월 15일 즐거운 대 추첨!
   1등상: 하이난다오 5일 여행
   2등상: 1,000위엔 현금권
   3등상: 마라샹 레스토랑 상품권

즐겁게 구매하시고, 안심하고 사용하세요!

11과 중국음식점 메뉴판 中式餐厅菜单

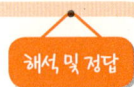

 메뉴판 菜单

일품 볶음요리:
고기채볶음 / 채소볶음 / 다진파 계란부침 / 토마토 계란볶음 / 피망 계란볶음

해물요리:
(물기 없이) 조린 대하 / 계부침 / 갈치튀김 / 오징어볶음 / 장어찜

면/쌀국수:
볶은 쌀국수 / 볶음면 / 비빔면 / 비빔쌀국수

무침요리:
오이무침 / 토마토무침 / 미역무침 / 소고기무침 / 마늘 돼지고기

탕:
갈비탕 / 해물탕 / 김 계란탕 / 오이 편육탕 / 어묵탕

사천요리:
매운 소고기볶음 / 마라두부(마파두부) / 매운 닭강정 / 사천식 샤브샤브

麻辣香중국음식점 麻辣香中式餐厅

　저희 레스토랑은 1985년 영업을 시작하여, 고객 여러분의 사랑을 많이 받아왔습니다. 뿐만 아니라 매년 다른 특색요리를 선보이며, 올해에도 우리 시에서 가장 우수한 레스토랑으로 선정되었습니다.
　새로운 고객과 단골고객 여러분의 지지에 감사드리기 위하여, 저희 레스토랑에서는 오늘부터 100위엔 이상 구매하신 고객들께 무료로 커피 또는 밀크티를 제공해 드리며, 200위엔 이상 구매하신 고객들께는 무료로 디저트를 제공해 드립니다.

체크체크

1. 我们为您（ 提供 ）最良好的服务。
2. 感谢你们的关心和（ 支持 ）。
3. 我从今天（ 起 ）努力学习。
4. 我们饭店被（ 评为 ）全国（ 最佳 ）饭店。

 TEST 1

1. ③
2. ④
3. ②
4. ④
5. ③

 TEST 2

1. ❶ 从上个月起，国家经济恢复增长。
　❷ 这个菜不仅营养很丰富，并味道很好。
　❸ 本公司被评为全国一百强企业。
　❹ 他被老师们评为最优秀的学生。
　❺ 为了提高汉语水平，他每天都看中国新闻。

2. ❶ 干烧
　❷ 泥
　❸ 鸡丁
　❹ 肉片
　❺ 丝
　❻ 清

3. ❶ 学习英语。
　❷ 我努力学习英语。
　❸ 我会努力学习英语的。
　❹ 我从今天起会努力学习英语的。

 세트음식 메뉴 套餐菜单

코카콜라 한 병을 드립니다!
어떤 면요리나 볶음밥을 주문하시든지 1위엔을 추가하시면, 코카콜라 1병을 드립니다.

88위엔 세트메뉴(2인용)
닭다리 볶음밥 + 고기채 볶음 + 갈비탕
(디저트를 무료로 드립니다.)

138위엔 세트메뉴(3인용)
소고기 볶음면 + 피망 고기볶음 + 해물탕
(디저트와 음료를 무료로 드립니다.)

12과 영화관 电影城

 관람객 공지사항 敬告观众

1. 각 표는 한 분에 한하며, 극장을 나가시기 전까지 (고객용)표를 보관해 주세요.
2. 신장이 1m가 넘는 아동은 반드시 표를 구매해야 하며, 아이를 안은 분은 입장을 사절합니다.
3. 재학 중인 학생은 학생증을 근거로 표를 구매하여 입장하세요.
4. 장애인증, 노인증을 근거로 반값의 우대혜택을 누리세요.
5. 담배를 피우거나, 아무 데나 가래를 뱉지 마시고, 애완동물을 데리고 상영관에 들어가지 마십시오.
6. 영화관 내에서 사진이나, 비디오 촬영 및 녹음을 금지합니다.
7. 영화를 상영할 때에는 이동전화를 꺼주세요.
8. 영화 상영 5-10분 전에 입장해 주십시오. 상영이 시작된 뒤에는 환불이나 환표가 불가합니다.

※ 매일 12시 전, 22시 후에는 반값으로 보실 수 있습니다.

체크체크

1. 本餐厅 (谢绝) 自带的饮料。
2. 您在这儿可以 (享受) 免费服务。
3. 下车前，请 (保留) 您的车票。
4. 李太太手里 (怀抱) 着一个 (婴儿)。

TEST 1

1. ③
2. ④
3. ③
4. ①
5. ④

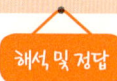

 TEST 2

1. ① 每月工资少于800元的人可以申请。
   ② 要休学，须办理手续。
   ③ 有什么问题，必须告诉我。
   ④ 他凭着自己的感觉做事。
   ⑤ 如果你需要帮助，随时来找我。

2.

青年宫电影城					
影厅	2号厅	时间	2011.10.01 19:00		
影片	我的父亲、母亲				
座位	5排 12号		* 对号入座		
座类	情侣座	票类	学生票	票价	30元

3. ① 坐海盗船。
   ② 不能坐海盗船。
   ③ 儿童不能坐海盗船。
   ④ 低于1米的儿童不能坐海盗船。

 영화표 구매 유의사항
购票提示

1. 관객께서 표를 구매하실 때에는 영화제목과 시간, 금액을 잘 보시기 바랍니다.
2. 시간에 맞춰 입장, 관람하여 주시고, 좌석번호대로 앉아 주십시오.
3. 영화 상영 30분 전부터는 영화표의 환불이나 교환을 사절합니다.
4. 단체표는 환불이나 교환을 할 수 없습니다.
5. 신장 1m 미만인 아동은 무료입니다.
6. 3D는 특수영화로써 1m 미만의 아동도 표를 구매해야 합니다.

13과 은행 银行

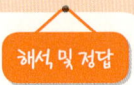
해석 및 정답

맛있는 독해

고객 유의사항 客户须知

1. 사인은 반드시 정확하게 해야 하며, 고치면 안 됩니다.
2. 예금계좌를 개설하실 때에는 〈개인예금 실명제 규정〉에 따라, 은행에 본인의 법정 신분증을 제시해 주시기 바랍니다.
3. 대리인이 개설할 경우, 개설하시는 고객의 신분증 외에도, 대리인의 법정신분증을 제시해 주셔야 합니다.
4. 예금통장/입금표/카드 및 출금비밀번호를 잘 보관하시고, 예금통장/입금표/카드 및 출금비밀번호를 분실하셨을 경우, 본인의 신분증을 지참하고 은행에 오셔서 분실신고를 하셔야 합니다.

저축예금 개설 신청서 储蓄存款开户申请书

○○시 상업은행 **저축예금 개설 신청서**

1. 고객정보(해서체로 내용을 기입하세요.)
   필수 기입내용:
   고객성명   거주지주소
   연락전화   직장
   증 유형   증 번호
                  발급기관
   대리인 성명   대리인 증번호
                  발급기관
   아래 내용을 선택하여 기입하세요:
   직업   기타 연락방식

2. 신청업무 정보
   (선택하신 항목에 'V' 표시를 하거나 내용을 기입하세요.)
   업무종류:
   □일반예금   □일시납 일시수령
   □분납 일시수령 □일시납 부분수령
   □교육적금   □기타
   예금기간
   개설금액(갖은자)

   본인은 위의 기입한 내용이 사실이고 합법적이며, 착오가 없으며, 뒷면의 〈고객 유의사항〉의 관련규정을 준수할 것을 서약합니다.
   신청인 서명 :   년   월   일

✓체크✓체크

1. 请（ 务必 ）记住您的密码。
2. 请（ 填写 ）您的学历和工作经历。
3. 你们要（ 遵守 ）公司的（ 规定 ）。
4. 请各位客户妥善（ 保管 ）自己的物品。

TEST 1

1. ④   2. ①   3. ②   4. ①   5. ④

TEST 2

1. ① 不得使用他人的身份证。
   ② 按照学校的规定，留学生都得参加托福考试。
   ③ 除了李老师以外，大家都不会说日语。
   ④ 我们除了中国以外，还去过新加坡。
   ⑤ 这是有关中国经济的论文。

2.
   고객성명: 客户姓名   거주지주소: 常住地址
   증유형: 证件类型   증번호: 证件号码
                           발급기관: 发证机关
   대리인성명: 代理人姓名   대리인 증번호: 代理人证件号码
                           발급기관: 发证机关
   일반예금: 活期存折
   교육적금: 教育储蓄
   신청인 사인: 申请人签名

3. ① 探讨问题。
   ② 探讨有关高考的问题。
   ③ 会探讨有关高考的问题。
   ④ 我们这次会探讨有关高考的问题。

맛있는 독해 PLUS

송금 신청서 汇款申请书

○○은행   날짜(Date):
        송금 신청서   □전신환
    APPLICATION FOR OUTWARD REMITTANCE   □우편환
  (해서체로 기입하시고, 선택항목에서는 "√"표 하세요.)   □송금환

수취인
수취인 계좌번호
수취은행명 및 주소
수취은행의 대리은행
송금인
송금인 계좌번호
송금화폐 및 금액   국외은행 비용 지불에 "√"표 하세요.
전신확인부호   □ 수취인 (Beneficiary)
비고   □ 송금인 (Remitter)

* 해외로 송금하실 경우, 영어로 송금신청서를 작성해 주세요.
* 환어음을 발행할 경우, 수취인의 성명과 신분증번호를 기입해 주세요:

신청인 성명   서명   은행전용
신분증 번호
연락전화

14과 기차역 火车站

춘절 열차증편운행 공지
春运加车公告

춘절기간 여객들의 열차표 구매 수요를 만족시켜 드리기 위해, 베이징 지역에 새로 증편되는 임시 여객열차의 현황은 아래와 같습니다:

1. 2011년 2월 1일부터, 베이징-다롄 구간 T228 열차를 증편 운행하며, 출발시간은 18시 16분, 다롄 도착시간은 05시 42분입니다.
2. 2011년 2월 1일부터 2월 7일까지, 베이징-하얼빈 구간 D25 열차를 증편 운행하며, 출발시간은 07시 15분, 하얼빈 도착시간은 15시 20분입니다.
3. 베이징-선양 구간 열차표는 잠시 발매를 중단합니다. 구체적인 발매시간은 역의 공지에 주의해 주시기 바랍니다.

체크체크

1. 请 (注意) 安全。
2. 我们不能满足市场的 (需求)。
3. 怎么才能 (满足) 他的要求呢?
4. 请告诉我们 (具体) 的 (情况)。

1. ③ **2.** ② **3.** ② **4.** ④ **5.** ②

1. ① 正如你说的，这件事是很难办的。
② 自下个月起，要坐地铁上班。
③ 爱宝乐园的总面积为148万8千平方米。
④ 到这个月为止，我们完成了所有的工作。
⑤ 列车的始发时刻变更为14:05分。

2. 车次 / 列车类型 / 始发站 / 始发时间 / 经过站 / 经过站到达时间 / 经过站发车时间 / 终点站 / 到达时间 / 普快 / 普慢 / 动车组

自2011年2月1日起至2月7日止，北京-哈尔滨加开D25次列车，始发时间为07:15分，最终到达哈尔滨时间为15:20分。

3. ① 办理手续。
② 得办理手续。
③ 8月30日止得办理手续。
④ 从8月5日起至8月30日止得办理手续。

열차 운행중지 공지
列车停运公告

승객여러분
남부지역의 홍수로 인해 철로가 붕괴되어, 8월 12일부터 아래 열차의 운행을 중지합니다.

1. 2649호 베이징-우한
2. K390호 베이징-난창

열차 운행중지로 승객 여러분께 불편을 드리게 되었습니다. 모든 승객 여러분의 양해를 부탁 드립니다.
열차의 정상운행 시간은 역의 공지를 확인하시기 바랍니다.

베이징 열차 시각표 北京列车时刻表

열차번호	열차유형	출발역	출발시각	경유역	경유역 도착시각	경유역 발차시각	종착역	도착시각
1133	에어컨 보통열차	타이위안	15:55	베이징	다음날 04:45	04:55	선양 북	15:17
4401	보통열차	베이징	16:36	베이징	당일 16:36	16:36	톈진	18:36
6463	에어컨 완행열차	베이징	05:39	베이징	당일 05:39	05:39	양춘	07:48
D25	고속열차	베이징	07:15	베이징	당일 07:15	07:15	하얼빈	15:20
K7731	에어컨 쾌속열차	베이징	08:40	베이징	당일 08:40	08:40	탕산	11:29
T225/T228	에어컨 특급열차	베이징	18:16	베이징	당일 18:16	18:16	다롄	05:42

15과 공항 机场

해석 및 정답

출입국심사 안내
出入境边防检查提示

1. 비행기표 수속을 마치고, 해관 및 검역검사수속을 통과하여 출입국심사구역에 오실 때, 여러분의 여권과 비자, 탑승권을 준비해 주십시오.
2. 여권, 비자, 탑승권, 출국카드를 준비하신 뒤, 통제라인 앞에서 순서에 따라 줄을 서서 심사를 기다리십시오. 단체여행객은 여행인솔자의 인도하에 단체명단에 맞춰 줄을 서서 심사를 기다리십시오.
3. 여권과 비자의 유효기간을 주의하시고, 유효기간 연장 또는 증서갱신 수속을 미리 하십시오.
4. 출입국심사를 지나실 때는 여러분의 모자, 마스크, 선글라스를 벗어 주시고, 이로 인해 여러분께 불편을 끼쳐드리는 것을 양해해 주십시오.

체크체크

1. 我们在医院里（ 等候 ）检查结果。
2. 这件事（ 造成 ）了很大的麻烦。
3. 你的身份证过期了，你得（ 更换 ）新的。
4. 买火车票的时候，应该（ 依次 ）（ 排队 ）。

TEST 1

1. ②
2. ④
3. ③
4. ①
5. ④

TEST 2

1. ① 我们的飞机将要起飞。
   ② 当我决定回国的时候，朋友们都反对。
   ③ 你把衣服脱下来，洗一洗。
   ④ 在王老师的指导下，学生们的英语水平大有进步。
   ⑤ 在朋友们的帮助之下，我毕业了。

2. ① 托运行李 / 安全检查 / 边防检查
   ② 来到边防检查区时，请准备好您的护照、签证、登机牌。请在通过边防检查时取下您的帽子、口罩、墨镜。

3. ① 发生事情。
   ② 发生什么事情？
   ③ 明天将会发生什么事情？
   ④ 我们都不知道明天将会发生什么事情。

기내 휴대금지물품
禁止携带登机物品

중국민용항공국은 중국 국경내에서 민항기를 탈 때, 아래의 물품을 휴대하거나 운반하는 것을 금지하도록 규정하고 있습니다:

1. 총기(주요부품 포함)
2. 탄약 등과 같은 폭발물
3. 도검
4. 성냥, 라이터, 알콜 등과 같은 인화성·폭발성 물질
5. 휴대할 수 있는 종류 혹은 제한량을 초과한 액체 상태의 물품

맛있는 중국어 기본서 시리즈

독해의 달인이 되는 필독 기본서
재미와 감동, 문화까지 맛있게 독해하자

엄영권 지음 | ❶ 228쪽·❷ 224쪽
각 권 값 14,500원(MP3 파일 무료 다운로드)

작문의 달인이 되는 필독 기본서
어법과 문장구조, 어감까지 익혀 거침없이 작문하자

한민이 지음 | 각 권 204쪽 | 각 권 값 13,500원

중국어의 달인이 되는 필독 기본서

어법의 달인이 되는 필독 기본서
중국어 어법 A to Z 빠짐없이 잡는다

한민이 지음 | 280쪽 | 값 15,000원
(본책+워크북+발음 MP3 파일 무료 다운로드)

듣기의 달인이 되는 필독 기본서
듣기 집중 훈련으로 막힌 귀와 입을 뚫는다

김효정·이정아 지음 | 232쪽 | 값 15,000원
(본책+워크북+MP3 CD 1장 포함)

한권으로 합격하기 시리즈

관광통역안내사
중국어 면접 완벽 대비서

50가지 주제만 알면, 이제 난 중국어 가이드!

 +

이은미 지음 | 276쪽 | 19,800원(본책+모의면접 100제+MP3 CD)

최신 기출 문제를 완벽 분석하여 면접 시험에서 출제 가능성이 높은 주제만을 엄선한 중국어 면접 대비서로, 총 10개 파트, 50가지 주제로 구성되어 있습니다.

- ★특징 ① 'step1 사전 탐색하기 ➡ step2 기출 따라잡기 ➡ step3 관통 솔루션 파악하기 ➡ step4 도전! 모의면접'의 체계적인 학습 구성
- ★특징 ② 출제 경향에 딱 맞춘 모의면접 100제 제공
- ★특징 ③ 엄선된 50가지 주제 완벽 학습
- ★특징 ④ 모든 답안의 음성 파일 수록
- ★특징 ⑤ 모의면접 훈련을 통해 면접 시험 완벽 적응 가능

100만 독자의 선택
맛있는 중국어 HSK 시리즈

기본서

▶ 시작에서 합격까지 4주 완성
▶ 모의고사 동영상 무료 제공(6급 제외)
▶ 기본서+해설집+모의고사 All In One 구성
▶ 필수 단어장 별책 제공

맛있는 중국어 HSK 1~2급 첫걸음 | 맛있는 중국어 HSK 3급 | 맛있는 중국어 HSK 4급 | 맛있는 중국어 HSK 5급 | 맛있는 중국어 HSK 6급

모의고사

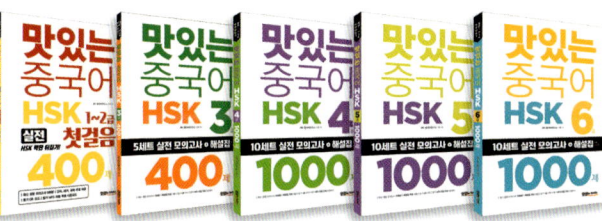

맛있는 중국어 HSK 1~2급 첫걸음 400제 | 맛있는 중국어 HSK 3급 400제 | 맛있는 중국어 HSK 4급 1000제 | 맛있는 중국어 HSK 5급 1000제 | 맛있는 중국어 HSK 6급 1000제

▶ 실전 HSK 막판 뒤집기!
▶ 상세하고 친절한 해설집 PDF 파일 제공
▶ 학습 효과를 높이는 듣기 MP3 파일 제공

단어장

맛있는 중국어 HSK 1~4급 단어장 | 맛있는 중국어 HSK 1~3급 단어장 | 맛있는 중국어 HSK 4급 단어장 | 맛있는 중국어 HSK 5급 단어장

▶ 주제별 분류로 연상 학습 가능
▶ HSK 출제 포인트와 기출 예문이 한눈에!
▶ 단어 암기부터 HSK 실전 문제 적용까지 한 권에!
▶ 단어&예문 암기 동영상 제공

맛있는스쿨

THE 강력해진
FULL PACK 시리즈로
돌아왔다!

영어 인강 신규 론칭!

[맛있는스쿨 🔍]

회원 가입만 하면 누구나 72시간 전 강좌 무료 수강!

영어 전 강좌	중국어 전 강좌	프리미엄 전 외국어
FULL PACK	FULL PACK	FULL PACK
토익, 회화, 비즈 등 영어 전 강좌 무한 반복 수강	HSK, 회화, 어린이, 통대 등 중국어 전 강좌 무한 반복 수강	중국어, 일본어, 베트남어, 스페인어 전 강좌 무한 반복 수강

맛있는 스쿨
www.cyberJRC.com

맛있는중국어와 카카오톡 플러스친구 맺으면 **1만원 할인권** 증정!
 플러스친구

친구 등록하고 실시간 상담 받기
@맛있는중국어JRC